K. Merkert

Kinderwunsch und Reproduktionsmedizin

Ist die Finanzierung einer Eizellspende über
die GKV im Fall einer Legalisierung möglich?

Diplomica Verlag GmbH

Merkert, K.: Kinderwunsch und Reproduktionsmedizin. Ist die Finanzierung einer Eizellspende über die GKV im Fall einer Legalisierung möglich?, Hamburg, Diplomica Verlag GmbH 2016

Buch-ISBN: 978-3-96146-506-4
PDF-eBook-ISBN: 978-3-96146-006-9
Druck/Herstellung: Diplomica® Verlag GmbH, Hamburg, 2016

Bibliografische Information der Deutschen Nationalbibliothek:
Die Deutsche Nationalbibliothek verzeichnet diese Publikation in der Deutschen Nationalbibliografie; detaillierte bibliografische Daten sind im Internet über http://dnb.d-nb.de abrufbar.

© Diplomica Verlag GmbH
Hermannstal 119k, 22119 Hamburg
http://www.diplomica-verlag.de, Hamburg 2016
Printed in Germany

Inhaltsverzeichnis

Literaturverzeichnis

Bals-Pratsch, Monika

Frauengesundheitliche Aspekte im Kontext der Reproduktionsmedizin,
in: Der unerfüllte Kinderwunsch, Interdisziplinäre Perspektiven, hrsg. von Birgit Mayer-Lewis und Marina Rupp, Opladen/Berlin/Toronto 2015

Beratungsnetzwerk Kinderwunsch Deutschland

Leitlinien "Psychosoziale Beratung für Frauen und Männer, die eine Kinderwunschbehandlung im
Ausland beabsichtigen", 24. September 2010
http://www.bkid.de/fileadmin/datensammlung/dateien/cbrc_leitlinien.pdf [Stand: 05.12.2015]

Richtlinien "Psychosoziale Beratung bei unerfüllten Kinderwunsch", erstellt Dezember 2005, überarbeitet im November 2007
http://www.bkid.de/fileadmin/datensammlung/dateien/richtlinien.pdf [Stand: 05.12.2015]

Berchtold, Josef
Huster, Stefan
Rehborn, Martin

Gesundheitsrecht SGB V/ SGB XI (Nomos Kommentar), 1. Aufl., § 27a SGB V, Baden-Baden 2015

BGH

Pressemitteilung, Verhandlungstermin vom 8.10.2015, in Sachen I ZR 225/13, (Werbung für Eizellspende)
http://www.bundesgerichtshof.de/SharedDocs/Termine/DE/Termine/IZR225.html [Stand: 24.11.2015]

BGH

Urteil vom 28. Januar 2015, XII ZR 201/13
http://juris.bundesgerichtshof.de/cgi-bin/
rechtsprechung/document.py?Gericht=bgh&Art=
en&nr=70419&pos=0&anz=1 [Stand: 11.11.2015]

Bokelmann, Victoria
Bokelmann, Michael

Europäische Hochschulschriften, Zur Lage der für
andere übernommenen Mutterschaft in
Deutschland, Bd./Vol. 3802, Frankfurt am
Main/Berlin/Bern/Bruxelles/ New York/Oxford/
Wien 2002

Breckwoldt, M.
Keck, C.

Störungen der Fruchtbarkeit,
in: Gynäkologie und Geburtshilfe, hrsg. von
Albrecht Pfleiderer, Meinert Breckwoldt und
Gerhard Martius, 3. Aufl., Stuttgart/New York
2000

BSG, 1. Senat

Urt. v. 18.11.2014 - B 1 A 1/14 R
http://openjur.de/u/776389.html [Stand:
12.12.2015]

BSG

Urt. v. 09.10.2001, Az.: B 1 KR 33/00 R
https://www.jurion.de/Urteile/BSG/2001-10-09/
B-1-KR-33_00-R [Stand: 01.12.2015]

BT-Drs. Deutscher Bundestag, BT-Drs. 18/3279 vom
27.11.2014: Gesetzesentwurf der Abgeordneten
Harald Terpe, Katja Dörner, Volker Beck, Maria
Klein-Schmeink, Kordula Schulz-Asche,
Franziska Brantner, Kai Gehring, Monika Lazar,
Tabea Rößner, Elisabeth Scharfenberg, Ulle
Schauws, Doris Wagner, Beate Walter-
Rosenheimer und der Fraktion BÜNDNIS 90/ DIE
GRÜNEN, Entwurf eines Gesetzes zur Änderung
des Fünften Sozialgesetzbuch zur Gleichstellung
verheirateter, verpartnerter und auf Dauer in einer
Lebensgemeinschaft lebender Paare bei einer
Kostenübernahme der gesetzlichen
Krankenversicherung für Maßnahmen der
künstlichen Befruchtung

BT-Drs. Deutscher Bundestag, BT-Drs. 15/1525 vom
08.09.2003: Gesetzesentwurf der Fraktionen
SPD, CDU/ CSU und BÜNDNIS 90/ DIE GRÜ-
NEN, Entwurf eines Gesetzes zur Modernisierung
der gesetzlichen Krankenversicherung
(GKV-Modernisierungsgesetz - GMG)

BT-Drs. Deutscher Bundestag, BT-Drs. 11/5460 vom
25.10.1989: Gesetzentwurf der Bundesregierung,
Entwurf eines Gesetzes zum Schutz von
Embryonen (Embryonenschutzgesetz - ESchG)

Bundesärztekammer (Muster-) Richtlinie zur Durchführung der
assistierten Reproduktion, Deutsches Ärzteblatt,
Jg. 103, Heft 20, 19.05.2006, 1392

Bundesministerium für Gesundheit Österreich	Was ist neu im Jahr 2015, Fortpflanzungs-medizinrechts-Änderungsgesetz (FMedRÄG) 2015, http://www.bmg.gv.at/cms/home/attachments/5/1/3/CH1066/CMS1390899663787/was_ist_neu_2015.pdf [Stand: 11.12.2015]
BVerfG	Leitsatz zum Urteil des Ersten Senats vom 28. Februar 2007-1 BvL 5/03 https://www.bundesverfassungsgericht.de/SharedDocs/Entscheidungen/DE/2007/02/ls20070228_1bvl000503.html [Stand: 08.11.2015]
BZgA (Bundeszentrale für gesundheitliche Aufklärung)	Der Organspendeausweis zum Herunterladen oder bestellen https://www.organspende-info.de/organspendeausweis /bestellen [Stand: 02.12.2015]
	Die Stammzellspende https://www.organspende-info.de/organ-und-gewebespende/stammzellenspende [Stand: 02.12.2015]
Clinica Son Moix	Palma de Mallorca, Kinderwunsch, Kosten http://www.erlanger-samenbank.de/kinder-wunsch/kosten [Stand: 04.12.2015]
Dakah, Muna Zaghloul-Abu, Hoffman, Swetlana	Praxis für Kinderwunschtherapie, Kosten http://www.berliner-kinderwunsch.de/de/kontakt-kinderwunschtherapie.php [Stand: 04.12.2015]
Depenbusch, M. Schultze-Mosgau, A.	Eizell- und Embryonenspende, *in:* Reproduktionsmedizin, hrsg. von Dietrich, Ludwig und Griesinger, Berlin/Heidelberg 2013

Deutscher Bundestag

Die Gesetzgebung
https://www.bundestag.de/bundestag/aufgaben/
gesetzgebung_neu/gesetzgebung [Stand:
08.12.2015]

Deutscher Ethikrat

Die Zukunft der Fortpflanzungsmedizin in
Deutschland, Pressemitteilung 05/2014,
http://www.ethikrat.org/presse/
pressemitteilungen/2014/pressemitteilung-05-
2014 [Stand: 04.11.2015]

Deutsches Ärzteblatt

Augsburger und Münchener Juristen: Entwurf für
ein Fortpflanzungsmedizingesetz, 21.03.2013
http://www.aerzteblatt.de/nachrichten/53819/
Augsburger-und-Muenchener-Juristen-Entwurf-
fuer-ein-Fortpflanzungsmedizingesetz [Stand:
12.11.2015]

Deutsches IVF Register
(DIR)

Jahrbuch 2013, Reproduktionsmedizin und
Endokrinologie-Journal of Reproductive Medicine
and Endocrinology, 11. JG 2014, 1
http://www.deutsches-ivf-register.de/perch/
resources/ downloads/141117dir-jb2013-
deweb2.pdf [Stand: 24.11.2015]

Dittrich, Ralf
Lotz, Laura
Schneider, Heike
Hoffmann, Inge
Beckmann, Mathias W.

Aktuelle Methoden und Herausforderungen in der
Reproduktionsmedizin,
in: Der unerfüllte Kinderwunsch. Interdisziplinäre
Perspektiven, hrsg. von Birgit Mayer-Lewis und
Marina Rupp, Opladen/Berlin/Toronto 2015

DKMS (Deutsche Kno-
chenmarkspende-datei)

Grundlegende Informationen
http://www.dkms.de/de/grundlegende-
informationen [Stand: 02.12.2015]

Dorn, A. Wischmann T.	Reproduktionsmedizin. Psychosomatik und psychosoziale Betreuung, *in:* Reproduktionsmedizin, hrsg. von Diedrich, Ludwig und Griesinger, Berlin/Heidelberg 2013
Dt. BT	Stenografischer Bericht, 76. Sitzung, Plenarprotokoll 18/76, 18. Dezember 2014 http://dip21.bundestag.de/dip21/btp/18/18076.pdf [Stand: 08.11.2015]
EGMR	Urteil vom 03.11.2011, 57813/00, *in:* EUROPEAN COURT OF HUMAN RIGHTS http://hudoc.echr.coe.int/eng?i=001-98048# {"itemid":["001-98048"]} [Stand: 10.10.2015]
Eichhorn, Annika	Gerechte Rationierung durch Einführung einer Prioritätensetzung im deutschen Gesundheitswesen, 1. Aufl., Baden-Baden 2011
Emmert, Barbara	Familienplanung. Demografische und geschichtliche Faktoren, *in:* Crashkurs Gynäkologie. Repetitorium mit Einarbeitung der wichtigsten Prüfungsfragen, hrsg. von Barbara Emmert und Michael Gerstorfer, 1. Aufl., München 2005
Erlanger Samenbank der ivf-Gesellschaft zur Förderung der Reproduktionsmedizin mbH	Kosten http://www.erlanger-samenbank.de/kinderwunsch/kosten [Stand: 04.12.2015]
Erlinger, R. Weissauer, W.	Juristische Aspekte, *in:* Unerfüllter Kinderwunsch, hrsg. von Carl Schirren, 3. Aufl., Köln 2003

ESchG   EschG, vom 13. Dezember 1990 (BGBl. I S.
                                 2746), zuletzt geändert durch Art. 1 des Gesetzes
                                 vom 21. November 2011 (BGBl. I S. 2228)

Europäisches Parlament,   RICHTLINIE 2004/23/EG vom 31. März 2004
Europäischer Rat   zur Festlegung von Qualitäts- und Sicherheits-
                                 standards für die Spende, Beschaffung, Testung,
                                 Verarbeitung, Konservierung, Lagerung und
                                 Verteilung von menschlichen Geweben und
                                 Zellen

Fateh-Moghadam, Bijan   Die Einwilligung der Lebendorganspende, Die
                                 Entfaltung des Paternalismusproblems im
                                 Horizont differenter Rechtsordnungen am Beispiel
                                 Deutschland und England, Sinzheim 2008

Fertility Center Hamburg   Schema der Follikelpunktion
GmbH   https://www.fertility-center-hh.de/therapien-
                                 follikelpunktion.html [Stand: 04.12.2015]

                                 Ihr Weg zum eigenen Kind, Therapien,
                                 Insemination, Kosten
                                 https://www.fertility-center-hh.de/therapien-
                                 insemination.html [Stand: 04.12.2015]

                                 Ihr Weg zum eigenen Kind, Therapien, IFV/ICSI
                                 Kosten
                                 https://www.fertility-center-hh.de/therapien-ivf-
                                 icsi.html [Stand: 04.12.2015]

Finanzgericht Berlin-Brandenburg	Urteil vom 11.02.2015, Az.: 2 K 2323/12 Pressemitteilung Nr. 3/2015 http://www.finanzgericht.berlin.brandenburg.de/ sixcms/detail.php?gsid=bb1.c.396487.de& template=seite_fgcb_pressemit [Stand: 28.10.2015]
Freundl, G. Haidl, G.	Methoden der artifiziellen Reproduktion (ART), *in:* Unerfüllter Kinderwunsch, Leitfaden Reproduktionsmedizin für die Praxis, hrsg. von Carl Schirren, 3. Aufl., Mildum/Föhr 2003
Gassner, U. Lindner, J. F. Krüger, M. Rosenau, H. Schroth, U. Kersten, J.	Fortpflanzungsmedizingesetz Augsburg-Münchner-Entwurf (AME-FMedG), Tübingen 2013
GBA	Richtlinien des Bundesausschusses der Ärzte und Krankenkassen über ärztliche Maßnahmen zur künstlichen Befruchtung, ("Richtlinien künstliche Befruchtung"), Fassung vom 14. August 1990, zuletzt geändert am 21. August 2014, in Kraft getreten am 18. Oktober 2014

GKV-Spitzenverband

Stellungnahme des GKV-Spitzenverbandes vom 12.10.2015 zum Gesetzesentwurf der Fraktion BÜNDNIS 90/DIE GRÜNEN zur Änderung des Fünften Buches Sozialgesetzbuch zur Gleichstellung verheirateter, verpartnerter und auf Dauer in einer Lebensgemeinschaft lebender Paare bei der Kostenübernahme der gesetzlichen Krankenversicherung für Maßnahmen der künstlichen Befruchtung
https://www.bundestag.de/blob/391668/8e0fc73708e5edfbe34c0589688644d2/gkv-spitzenverband-data.pdf [Stand: 29.10.2015]

Goebel, Heike

Zwischen Hoffnung und Verzweiflung. Beratung und Seelsorge bei unerfülltem Kinderwunsch, Göttingen 2008

Grötker, Ralf

Deutscher Ethikrat, Fortpflanzungsmedizin in Deutschland, Individuelle Lebensentwürfe-Familie-Gesellschaft, Argumentkarte: Sollte die Eizellspende in Deutschland zulässig sein?, Jahrestagung Berlin 22. Mai 2015
http://www.ethikrat.org/veranstaltungen/jahrestagungen/fortpflanzungsmedizin-in-deutschland [Stand: 04.11.2015]

Gust, Ulrike
Kücking, Monika

Maßnahmen zur Herbeiführung einer Schwangerschaft aus dem Blickwinkel der gesetzlichen Krankenversicherung-Voraussetzung und Finanzierung,
in: Der unerfüllte Kinderwunsch, Interdisziplinäre Perspektiven, hrsg. von Birgit Mayer-Lewis und Marina Rupp, Opladen/Berlin/Toronto 2015

Haema Blutspendedienst	Blut- und Plasmaspende. Prinzipieller Ablauf einer Spende https://www.haema.de/blut-plasmaspende/ spendenablauf.html#Spendenablauf [Stand: 02.12.2015]
Hauck, Karl Noftz, Wolfgang	Sozialgesetzbuch SGB V, Gesetzliche Krankenversicherung Kommentar, 2. Band: § 27a, Berlin 2014
Henning, Kathrin Strauß, Bernhard	Psychologische und psychosomatische Aspekte der ungewollten Kinderlosigkeit: Zum Stand der Forschung, *in:* Ungewollte Kinderlosigkeit, hrsg. von Bernhard Strauß, Göttingen/Bern/Toronto/Seatle 2000
Hess, A. P. Krüssel, J. S. Baston-Büst, D. M.	Ovarielles Überstimulationssyndrom, *in:* Reproduktionsmedizin, hrsg. von Diedrich, Ludwig und Griesinger, Berlin/Heidelberg 2013
Hieb, Anabel	Die gespaltene Mutterschaft im Spiegel des deutschen Verfassungsrechts, Berlin 2005
Hinrichsen, Miguel Stauber, Manfred	Sterilität und Infertilität, *in:* Gynäkologie und Geburtshilfe, hrsg. von Manfred Stauber und Thomas Weyerstahl, 4. Aufl., Stuttgart/New York/Delphi/Rio 2013
IVF Zentren Prof. Zech	Kinderwunschbehandlung mit Eizellspenden in Österreich, Ablauf für Eizellspenderin http://www.kinderwunsch-salzburg.at/ kinderwunsch.php? c=eizellspende-in-oesterreich [Stand: 04.12.2015]

ISCARE IVF	Preisliste Eizellspende "Pakete", Preisliste der IVF-"Pakete" Prag http://www.eizellspende-ivf.de/preisliste/ [Stand: 03.11.2015]
Jackson, Emily	Regulating Reproduction, Law, Technology and Autonomy, Oxford/Portland/Oregon 2002
Joung, Phillan	Moderne Reproduktionsmedizin als Erfüllungsgehilfin alter Wunschträume: Geschlechtsselektion in Südkorea, *in:* Wuncherfüllende Medizin, Ärztliche Behandlung im Dienst von Selbstverwirklichung und Lebensplanung, hrsg. von Matthias Kettner, Frankfurt/New York 2009
juris	Rechtslücken in der Reproduktionsmedizin, Erscheinungsdatum: 14.11.2015 http://www.juris.de/jportal/portal/page/homerl. psml?cmsuri=/juris/de/nachrichten/zeigenachricht .jsp&feed=juna&wt_mc=rss.juna&nid=jnachr-JUNA151002289 [Stand: 12.12.2015]
Kersten, Jens	Rechtliche Herausforderungen der Gameten- und Embryonenspende sowie der Leihmutterschaft, *in:* Der unerfüllte Kinderwunsch. Interdisziplinäre Perspektiven, hrsg. von Birgit Mayer-Lewis und Marina Rupp, Opladen/Berlin/Toronto 2015
Kiechle, Marion	Repetitorium Gynäkologie und Geburtshilfe, 1. Aufl., München/Jena 2008

Klenke-Lüders, Bettina Thorn, Petra	Alternative Perspektiven zum leiblichen Kind - Welche Möglichkeiten passen zu uns?, *in:* Kinderwunsch, Der Ratgeber des Beratungs- netzwerkes Kinderwunsch Deutschland (BKiD), hrsg. von Doris Wallraff/Petra Thorn und Tewes Wischmann, 1. Aufl., Stuttgart 2015
Knickrehm, Sabine Kreikebohm, Ralf Waltermann, Raimund	Kommentar zum Sozialrecht (Beck´sche Kurz- Kommentare), 4. Aufl., München 2015
Krätschmer-Hahn, Rabea	Kinderlosigkeit in Deutschland, Zum Verhältnis von Fertilität und Sozialstruktur, 1. Aufl., Wiesbaden 2012
Krüssel, J.S. Hess, A. Baston-Büst, D.	Rechtliche Aspekte der Kinderwunschbehandlung aus gynäkologisch-reproduktionsmedizinischer Sicht, *in:* Kinderwunschbehandlung in der gynäkologischen Praxis, Sinnvolle Diagnostik- und Therapiestrategien für Frauenärzte, hrsg. von Chritsoph Keck, Stuttgart 2014
Külz Grabow Kruppa, Holgar Diwok, Matthias	Praxiszentrum Frauenheilkunde Rostock, Patienteninfo-Reproduktionsmedizin, Behandlungsmöglichkeiten und Kosten http://www.ivf-rostock.de/patienteninformation- reproduktionsmedizin/ [Stand: 04.12.2015]
Ludwig, M.	Follikelpunktion und Eizellgewinnung, *in:* Reproduktionsmedizin, hrsg. von Diedrich, Ludwig und Griesinger, Berlin/Heidelberg 2013

Ludwig, M.
Diedrich, K.
Nawroth, F.

Was ist "Sterilität" - eine Begriffsbestimmung, *in:* Reproduktionsmedizin, hrsg. von Diedrich, Ludwig und Griesinger, Berlin/Heidelberg 2013

Ludwig, A. K.
Ludwig, M.

Direkte Komplikationen der Behandlungsmethoden, *in:* Reproduktionsmedizin, hrsg. von Diedrich, Ludwig und Griesinger, Berlin/Heidelberg 2013

May, Ulrich

Rechtliche Grenzen der Fortpflanzungsmedizin, Die Zulässigkeit bestimmter Methoden der assistierten Reproduktion und die Gewinnung von Stammzellen vom Embryo in vitro im deutsch-israelischen Vergleich, hrsg. von Haverkate et al., Veröffentlichung des Instituts für Deutsches, Europäisches und Internationales Medizinrecht, Gesundheitsrecht und Bioethik der Universitäten Heidelberg und Mannheim, Berlin/Heidelberg/New York 2003

Mertens, Heide

Wunschkinder. Natur, Vernunft und Politik, Die menschliches Reproduktion, Münster 1991

Merz, Bettina

Die medizinische, ethische und juristische Problematik artifizieller menschlicher Fortpflanzung, Frankfurt am Main/Bern/New York/Paris 1991

Möller, K.-H.

Rechtliche Regelungen der Reproduktionsmedizin in Deutschland, *in:* Reproduktionsmedizin, hrsg. von Klaus Diedrich, Michael Ludwig und Georg Griesinger, Berlin/Heidelberg 2013

Neulen, J. Neises, M.	Infertilität und Sterilität - Reproduktionsmedizin, *in:* Gynäkologie und Geburtshilfe, hrsg. von Kiechle, 1. Aufl., München/Jena 2007
Östereichisches Rotes Kreuz	Risiken einer Blutspende http://www.roteskreuz.at/blutspende/informatione n-zur-blutspende/tests-sicherheit/risiken-einer- blutspende/ [Stand: 02.12.2015]
Parsons, John	Assisted conception: the state of the art, *in:* Creating the child, The Ethics, Law, and Prac- tice of Assisted Procreation, hrsg. von Donald Evans, Niederlande 1996
Peuckert, Rudiger	Familienformen im sozialen Wandel, 7. Aufl., Wiesbaden 2008
Pötzsch, Olga	Wirtschaft und Statistik, Geburtenfolge und Geburtenabstand - neue Daten und Befunde, hrsg. Statistisches Bundesamt, Februar 2012, https://www.destatis.de/DE/Publikationen/ WirtschaftStatistik/Bevoelkerung/Geburtenfolge Geburtenabstand.pdf?__blob=publicationFile [Stand: 06.11.2015]
Pötzsch, Olga Weinmann, Julia Haustein, Thomas	Geburtentrends und Familiensituation in Deutschland, hrsg. vom Statistischen Bundesamt, Wiesbaden 2013

Prem, Klaus P.
Michaelis, Anke

Ein Entwurf für ein zeitgemäßes Fortpflanzungsmedizingesetz, Pressestelle der Universität
Augsburg, UPD 45/13 - 21.03.2013
http://www.presse.uni-augsburg.de/
unipressedienst/ 2013/jan-maerz/2013_045/
PD_45-13_Rosenau-AME-FMedG-b.pdf [Stand:
12.11.2015]

Psychrembel, Willibald

Psychrembel, Klinisches Wörterbuch,
258. Aufl., Berlin/New York 1998

Pühler, Wiebke
Middel, Claus D.
Hübner, Marlies

Praxisleitfaden Gewebegesetz: Grundlagen,
Anforderungen, Kommentierungen, Köln 2008

Revermann, Christoph
Hüsing, Bärbel

Fortpflanzungsmedizin - Rahmenbedingungen,
wissenschaftlich-technische Entwicklungen und
Folgen, hrsg. von Büro für Technikfolgen-
Abschätzung beim deutschen Bundestag 2010
https://www.tab-beim-bundestag.de/de/pdf/
publikationen/berichte/TAB-Arbeitsbericht-
ab139.pdf [Stand: 17.09.2015]

Rütz, Eva

Heterologe Insemination - Die rechtliche Stellung
des Samenspenders, Lösungsansätze zur
rechtlichen Handhabung, Berlin/Heidelberg 2008

Schleissing, Stephan

Ethik und Recht in der Fortpflanzungsmedizin,
Herausforderungen, Diskussionen, Perspektiven,
Baden-Baden 2013

Schröder
Soyke

Ethische und rechtliche Fragen am Beginn
menschlichen Lebens, Berlin 2008

Schroth, Ulrich

Fragwürdiger Paternalismus bei der Organ-lebendspende, *in:* Die Organtransplantation-Rechtsfragen bei knappen medizinischen Ressourcen, Beiträge des 6. Deutsch-Türkischen Symposiums zum Medizin- und Biorecht, hrsg. von Hans Lilie, Henning Rosenau und Hakan Hakari, 1. Aufl., Baden-Baden 2001

Selb, Walter

Rechtsordnung und künstliche Reproduktion des Menschen, Tübingen 1987

Shenfield, F.
de Mouzon, J.
Pennings, G.
Ferraretti, A. P.
Nyboe Andersen, A. de
Wert, G.
Goossens, V.

Cross border reproductive care in six European countries, Human Reproduction, 26. März 2010 http://humrep.oxfordjournals.org/content/early/2010/03/26/humrep.deq057.full.pdf+html [Stand: 10.11.2015]

Spickhoff,
Middel,
Scholz

Medizinrecht (Bek'sche Kurzkommentare), hrsg. von Spickhoff, 2. Aufl., München 2014

Steger, Florian

GTE Medizin, Göttingen/Oakville/CT/U.S.A. 2011

Stiftung Knochenmark- & Stammzellspende Deutsch-land

Risiken einer Spende http://www.knochenmarkspende-deutschland.de/informationen_fuer_ stammzellspender/risiken_einer_spende.php [Stand: 02.12.2015]

Stiftung Lebendspende

Nierenentnahme beim Lebendspender
http://www.stiftung-lebendspende.de/37-0-
Nierenentnahme-beim-Lebendspender.html
[Stand: 02.12.2015]

Die Lebendspende, Risiken des Spenders
http://www.stiftung-lebendspende.de/38-0-
Risiken-des-Spenders.html#Perioperatives Risiko
der Lebendnierenspende [Stand: 02.12.2015]

Tempfer, C.

Epidemiologie und demografische Entwicklung,
in: Kinderwunschbehandlung in der
gynäkologischen Praxis, hrsg. von Christoph
Keck, Stuttgart 2014

Teubner, Andresa

Aufgaben und Umfang der Tätigkeit der
Lebendspendekommission nach § 8 Abs. 3 TPG,
Halle-Wittenberg 2006

Thorn, Petra

Reproduktives Reisen, hrsg. von Pro familia,
Deutsche Gesellschaft für Familienplanung,
Sexualpädagogik und Sexualberatung e.V.,
Frankfurt / Main 2008
http://www.profamilia.de/fileadmin/publikationen/F
achpublikationen/expertise_reproduktives_
reisen.pdf [Stand: 10.11.2015]

Thorn, P.
Wischmann, T.

Leitlinien des BKiD "Psychosoziale Beratung für
Frauen und Männer, die eine Kinderwunsch-
behandlung im Ausland beabsichtigen",
Journal für Reproduktionsmedizin und
Endokrinologie-Journal of Reproductive Medicine
and Endocrinology, 2010, 394

Tinneberg, Hans-Rudolf Michelmann, Hans Wilhelm Naether, Olaf G. J.	Lexikon der Reproduktionsmedizin, Stuttgart 2007
Trappe, Heike	Assistierte Reproduktion in Deutschland, Rahmenbedingungen, quantitative Entwicklung und gesellschaftliche Relevanz, *in:* Ein Leben ohne Kinder, Ausmaß, Strukturen und Ursachen von Kinderlosigkeit, hrsg. von Dirk Konietzka und Michaela Kreyenfeld, 2. Aufl., Rostock/Berlin 2013
Urdl, Wolfgang	Bemerkung zum State of the art in der Reproduktionsmedizin, *in:* Die Reproduktionsmedizin am Prüfstand von Ethik und Recht, hrsg. von Erwin Bernat, Wien 2000
Wallraff, Doris	Unerfüllter Kinderwunsch als Lebenskrise - Wie können wir daran wachsen, *in:* Kinderwunsch, Der Ratgeber des Beratungsnetzwerkes Kinderwunsch Deutschland (BKiD), hrsg. Wallraff, Thorn und Wischmann, 1. Aufl., Stuttgart 2015
Waltermann, Raimund	Schwerpunktbereich Sozialrecht, 11. Aufl., Heidelberg/ München/ Landsberg/ Frechen/ Hamburg 2014
Wiesing, Urban	Ethik in der Medizin, Ein Studienbuch, 3. Aufl., Stuttgart 2008

Zimmermann, Judith

Medizinische Kinderwunschbehandlung - Wie können wir uns gut vorbereiten, *in:* Kinderwunsch, Der Ratgeber des Beratungsnetzwerkes Kinderwunsch Deutschland (BKiD), hrsg. von Wallraff, Thorn und Wischmann, 1. Aufl., Stuttgart 2015

Abkürzungsverzeichnis

Abb.	Abbildung
Abs.	Absatz
AME-FMedG	Augsburg-Münchner-Entwurf Fortpflanzungsmedizingesetz
AMG	Arzneimittelgesetz
ART	assistierte Reproduktionstechnik
Art.	Artikel
BGB	Bürgerliches Gesetzbuch
BGH	Bundesgerichtshof
BKiD	Beratungsnetzwerk Kinderwunsch Deutschland
BSG	Bundessozialgericht
bspw.	beispielsweise
BT	Bundestag
BT-Drs.	Bundestags-Drucksache
BVerfG	Bundesverfassungsgericht
BZgA	Bundeszentrale für gesundheitliche Aufklärung
bzw.	beziehungsweise
DIR	Deutsche In-Fertilisations-Register
dt.	deutscher
EGMR	Europäischer Gerichtshof für Menschenrechte
ESchG	Embryonenschutzgesetz
ESHRE	European Society of Human Reproduction and Embryology
ET	Embryonentransfer
et al.	et alii/ et aliae
etc.	et cetera
G-BA	Gemeinsamer Bundesausschuss
GG	Grundgesetz
ggf.	gegebenenfalls
GIFT	Gamete Intrafallopian Transfer (intratubarer Gametentransfer)
GKV	gesetzliche Krankenversicherung

GOÄ	Gebührenordnung für Ärzte
GRG	Gesundheitsreformgesetz
ICSI	Intrazytoplasmatische Spermieninjektion
IQWiG	Institut für Qualität und Wirtschaftlichkeit im Gesundheitswesen
IVF	in-vitro-Fertilisation
OHSS	ovarielles Hyperstimulationssyndrom
Rdnr.	Randnummer
S.	Satz
SGB	Sozialgesetzbuch
sog.	sogenannte
StGB	Strafgesetzbuch
TAB	Technikfolgen Abschätzung beim deutschen Bundestag
TFG	Transfusionsgesetz
TPG	Transplantationsgesetz
WHO	Weltgesundheitsorganisation
z.B.	zum Beispiel

Abbildungsverzeichnis

Tabellenverzeichnis

Kann eine Eizellspende im Fall einer Legalisierung über die GKV finanziert werden?

A Einleitung/ Problemstellung

Das Verbot der Eizellspende ist einschlägig im ESchG aus dem Jahre 1990 geregelt. Der technische Fortschritt als auch der Wandel des Familienbildes[1] sowie die Legalisierung in Österreich[2] deuten auf eine ethische Neubetrachtung hin. Damit einhergehend stellt sich die Frage, ob auch die Eizellspende, wie bereits andere Reproduktionsverfahren, mittels der gesetzlichen Krankenkassen finanziert werden kann. Folglich untersucht das vorliegende Buch, nach dem Aufzeigen theoretischen Grundwissens der Reproduktionsmedizin, unterschiedlichste Gesichtspunkte. Einerseits werden ausgewählte Gesetze genauer betrachtet und versucht auf bereits bestehende Reglungen aus dem SGB V aufzubauen. Anderseits wird die Situation Betroffener beschrieben und die Eizellspende mit anderen Reproduktionsmöglichkeiten verglichen.

---

[1] Gassner/Kersten/Krüger/Lindner/Rosenau/Schroth, Fortpflanzungsmedizingesetz Augsburg-Münchner-Entwurf (AME-FMedG), S. 19 f..

[2] EGMR, Urteil vom 03.11.2011, 57813/00 i.V.m. Bundesministerium für Gesundheit in Österreich, Was ist neu im Jahr 2015, Fortpflanzungsmedizinrechts-Änderungsgesetz (FMedRÄG) 2015 S. 9.

B Medizinische Indikatoren für ungewollte Kinderlosigkeit

Um medizinische Indikatoren für eine ungewollte Kinderlosigkeit zu differen-
zieren, muss man sich vorerst den Begriffen der Sterilität, Interfertilität und Fertilität widmen. Unter Sterilität versteht man die Unfähigkeit schwanger zu werden, trotz regelmäßigem ungeschützten Geschlechtsverkehrs. Während einige
bereits nach der Dauer von einem Jahr von Sterilität sprechen, wird bei Hinrich-
sen und Stauber der Zeitraum von über 2 Jahren angegeben, währenddessen
die Zeit zuvor als Konzeptionsschwierigkeit betitelt wird.[3] Hierbei wird zwischen
der primären, bei der die Frau noch nie eine Schwangerschaft aufwies, und der
sekundären Sterilität unterschieden. Bei der zuletzt genannten handelt es sich
um keinen Eintritt einer Schwangerschaft nach regelmäßigem Geschlechtsver-
kehr ohne Verhütungsmaßnahmen, obwohl es bereits in der Vergangenheit
zwischen beiden Partnern zu einer Schwangerschaft gekommen ist.[4] Die Infertilität betitelt die Unfähigkeit ein Kind auszutragen oder ein negativer Sperma-
befund.[5]

Sterilität ist etwas Absolutes und für die meisten Paare nicht korrekt, da nicht alle
zu 100 % steril sind. Man spricht daher von einer Störung der Fertilität, eine sog.
Störung der Fähigkeit ein Kind zu zeugen.[6]

Derzeit bleiben in Deutschland 25 % der Paare im reproduktionsfähigen Alter
kinderlos[7], wobei die Zahlen in der Literatur für eine ungewollte Kinderlosigkeit
zwischen 10 - 15 % schwanken.[8] Andere erachten dies als zu hoch gegriffen.[9]

---

[3] Hinrichsen/Stauber, Sterilität und Infertilität, S. 409.
[4] Bokelmann/Bokelmann, Zur Lage der für andere übernommenen Mutterschaft in Deutschland,
S. 5 f.;
Breckwoldt/Keck, Störungen der Fruchtbarkeit, S. 78.
[5] Dittrich/Lotz/Schneider/Hoffmann/Beckmann, Aktuelle Methoden und Herausforderungen in
der Reproduktionsmedizin, S. 19; Hinrichsen/Stauber, Sterilität und Infertilität, S. 409.
[6] Ludwig/Diedrich/Nawroth, Was ist "Sterilität", Eine Begriffsbestimmung, S. 2.
[7] Kiechle, Repetitorium Gynäkologie und Geburtshilfe, S. 71.
[8] Dittrich/Lotz/Schneider/Hoffmann/Beckmann, Aktuelle Methoden und Herausforderungen in
der Reproduktionsmedizin, S. 19;
Hinrichsen/Stauber, Sterilität und Infertilität, S. 409;
Kiechle, Repetitorium Gynäkologie und Geburtshilfe, S. 71.
[9] Dorn/Wischmann, Reproduktionsmedizin, Psychosomatik und psychosoziale Betreuung, S. 486;
Henning/Strauß, Psychologische und psychosomatische Aspekte der ungewollten Kinderlosigkeit: Zum Stand der Forschung, S. 16.

Dorn und Wischmann gehen von 0,5 - 1,4 Millionen betroffenen Paaren in Deutschland aus.[10]

Dabei kann es sich nach Breckwoldt und Keck um eine Sterilität oder um eine Infertilität handeln. Bei 40 - 50 % der Fälle liegt die Ursache bei der Frau, bei 35 - 40 % beim Mann, bei etwa 15 % an beiden Partnern. Ebenfalls ist die Ursache mit etwa 15 % ideopathisch beziffert.[11]

Ursächlich für die Verwendung von Spendereizellen kommen der Funktionsverlust der Eizellproduktion, eine Eizellreifestörung, eine Unverträglichkeit zwischen den Keimzellen der Partner, vorzeitiges Erlöschen der Eierstockfunktion, genetische und autoimmunologische Erkrankungen wie beispielsweise das Turner-Syndrom, vorliegende Eierstockentfernung mittels einer OP, mehrere Fehlversuche mittels IVF sowie Folgen nach einer onkologischen Therapie in Betracht.[12] Die jedoch zumeist zugrunde liegende Indikation stellt im 21. Jahrhundert die altersbedingte Infertilität durch eine abnehmende Eizellqualität und Ovarreserve dar.[13]

---

[10] Dorn/Wischmann, Reproduktionsmedizin. Psychosomatik und psychosoziale Betreuung, S. 486.
[11] Breckwoldt/Keck, Störungen der Fruchtbarkeit, S. 78.
[12] Bokelmann/Bokelmann, Zur Lage der für andere übernommenen Mutterschaft in Deutschland, S. 11;
Hieb, Die gespaltene Mutterschaft im Spiegel des deutschen Verfassungsrechts, S. 8;
Jackson, Regulating Reproduction. Law, Technology and Autonomy, S. 166;
Schröder/Soyke, Ethische und rechtliche Fragen am Beginn menschlichen Lebens, S. 118;
Urdl, Bemerkungen zum State of the art in der Reproduktionsmedizin, S. 13.
[13] Depenbusch/Schultze-Mosgau, Eizell- und Embryonenspende, S. 288.

C Möglichkeiten der künstlichen Befruchtung

Durch einen rasanten medizinischen als auch technischen Fortschritt gibt es heute mehrere Behandlungsweisen der assistierten Reproduktion.[14] Der Begriff assistierte Reproduktion kam in den 80er Jahren auf und umfasst Techniken, die sich mit der Beeinflussung von Sperma, Eizellen und Embryonen beschäftigen, um Menschen zu helfen, Kinder zu zeugen.[15]

Hierzu stehen der Medizin mehrere assistierte Reproduktionstechniken, kurz ART genannt, zur Verfügung.[16] Die therapeutischen Verfahren unterscheiden sich je nach ihrem Befruchtungsort, ihrem Vorgehen und ihrer Indikation. Im Folgenden werden die einzelnen Verfahren beschrieben.

I. Insemination

Als Insemination wird die Übertragung befruchtungsfähiger Samen in die Gebärmutter bezeichnet.[17] Hierbei erfolgt die Befruchtung in vivo (lat. in einem lebenden Organismus) und entspricht einem natürlichen Ablauf der Befruchtung.[18] Aufbereitete Spermien können in verschiedenste Orte des weiblichen Genitaltrakt injiziert werden, um etwaige Hindernisse zu umgehen.[19] Hierzu wird der Spontanzyklus überwacht und eventuell eine Begleittherapie zur Stimulation der Eizellen genutzt.[20] Die aufbereitete Spermiensuspension wird mittels eines flexiblen Katheders an den gewünschten Befruchtungsort gebracht.[21] Bei der Insemination können frische oder kryokonservierte Samenfäden verwendet werden. Hierbei erfolgt eine homologe (Samen des Partners) oder eine heterologe (Spendersamen) Insemination.[22] Indikationen stellen eine leichte Fertilitätsstörung, einen Volumenmangel des Spermius während des Samenergusses

---

[14] Dittrich/Lotz/Schneider/Hoffmann/Beckmann, Aktuelle Methoden und Herausforderungen in der Reproduktionsmedizin, S. 23.

[15] Parsons, Assisted conception: the state of the art, S. 15.

[16] Dittrich/Lotz/Schneider/Hoffmann/Beckmann, Aktuelle Methoden und Herausforderungen in der Reproduktionsmedizin, S. 23.

[17] Breckwoldt/Keck, Störungen der Fruchtbarkeit, S. 91.

[18] Dittrich/Lotz/Schneider/Hoffmann/Beckmann, Aktuelle Methoden und Herausforderungen in der Reproduktionsmedizin, S. 23.

[19] May, Rechtliche Grenzen der Fortpflanzungsmedizin, S. 19.

[20] Bundesärztekammer, Deutsches Ärzteblatt 2006, 1392 (1393).

[21] Neulen/Neises, Infertilität und Sterilität - Reproduktionsmedizin, S. 211.

[22] Breckwoldt/Keck, Störungen der Fruchtbarkeit, S. 91.

oder eine pathologische Veränderung der Spermien auf seiten des Mannes als auch eine fehlende zervikale Sekretion, eine Zervikal-Kanal-Stenose sowie eine immunologische Sterilität (bspw. Antikörper gegen Spermien) seitens der Frau dar. Ebenfalls wird die Insemination bei einer ideopathischen Ursache angewandt.[23]

II. Intratubarer Gametentransfer (GIFT)

Unter Gift versteht man den intratubaren Gametentransfer[24] bzw. Gamete Intrafallopian Transfer.[25] Hierbei werden nach der Zyklusstimulation der Frau laparoskopisch Eizellen entnommen und gleichzeitig mit Spermatozyten in den Eileiter zusammen gebracht.[26] Ein Transfer von Zygoten oder Embryonen in den Eileiter wäre nach einer 1 - 2 tägigen Kultivierung mittels einer zweiten Laparaskopie möglich.[27]

Ein nicht behandelbarer tubarer Funktionsverlust, Endometriose, ideopathische Sterilität und Subfertilität des Mannes bei ausgeschöpften Inseminationsversuchen kommen als Indikation in Betracht.[28] Ebenso kann das Verfahren wegen einer Ablehnung des extrakorporalen Verfahrens durchgeführt werden. Das Verfahren wird nur noch selten angewandt.[29]

III. In-vitro-Fertilisation (IVF) und Embryonentransfer (ET)

Als In vitro Fertilisation, kurz IVF, bezeichnet man eine extrakorporale Befruchtung.[30] Die Technik setzt sich aus mehreren Teilschritten zusammen.[31]

---

[23] Bundesärztekammer, Deutsches Ärzteblatt 2006, 1392 (1394);
Dittrich/Lotz/Schneider/Hoffmann/Beckmann, Aktuelle Methoden und Herausforderungen in der Reproduktionsmedizin, S. 24;
Neulen/Neises, Infertilität und Sterilität - Reproduktionsmedizin, S. 211.
[24] Bundesärztekammer, Deutsches Ärzteblatt 2006, 1392 (1393).
[25] Rütz, Heterologe Insemination - Die rechtliche Stellung des Samenspenders, Lösungsansätze zur rechtlichen Handhabung, S. 11.
[26] Jackson, Regulating Reproduction, Law, Technology and Autonomy, S. 167.
[27] Breckwoldt/Keck, Störungen der Fruchtbarkeit, S. 92.
[28] Bundesärztekammer, Deutsches Ärzteblatt 2006, 1392 (1393).
[29] Freundl/Haidl, Methoden der artifiziellen Reproduktion (ART), S. 362.
[30] Psychrembel, Klinisches Wörterbuch, S. 775.
[31] Dittrich/Lotz/Schneider/Hoffmann/Beckmann, Aktuelle Methoden und Herausforderungen in der Reproduktionsmedizin, S. 25 f..

1. Gewinnung der Eizellen: Die Eierstöcke der betroffenen Frau werden hyperstimuliert. Der optimale Zeitpunkt des Eisprungs wird mittels Sonografie und Untersuchungen des Hormonspiegels ermittelt. Weisen die Follikel einen bestimmten Durchmesser auf, wird der Eisprung mittels einer medikamentösen Hormoninjektion ausgelöst. Der spontane Eisprung erfolgt nach ca. 40 Stunden. Da dadurch die Eizelle (Oozyte) verloren gehen würde, erfolgt nach ca. 36 Stunden nach der Auslösung des Eisprungs die ambulante Follikelpunktion. Diese findet mittels Ultraschal und der transvaginalen Abpunktion der Oozyten mit eventueller Narkotisierung der Patientin statt.

2. Befruchtung: Kurze Zeit darauf werden die gewonnenen Eizellen und das aufbereitete Spermium in eine Kulturflüssigkeit gefügt. Nach einer 24 stündigen Lagerung im Wärmeschrank wird geprüft, ob zwei Vorkerne vorhanden sind, da dies ein Zeichen der Befruchtung darstellt. Individuell werden jetzt für das Paar die Anzahl an Eizellen weiterkultiviert, die für den Embryonentransfer vorgesehen werden, maximal jedoch 3 gemäß § 1 Abs. 1 Nr. 1 ESchG. Der Rest der Zellen kann eingefroren (kryokonserviert) werden.

3. Embryonentransfer (ET). Dieser erfolgt zwischen dem zweiten und fünften Tag nach der Punktion. Hierbei werden die sich meist bis jetzt im 4-8 Zellstadium befindlichen Embryonen in die Gebärmutter mittels eines Katheders eingesetzt. Erfolgt der Transfer nach 5 Tagen spricht man von einem Blastozystentransfer.

Häufig wird eine IVF Behandlung bei guter Spermienqualität des Mannes und medizinischer Indikationen der Frau durchgeführt.[32] Gemäß der (Muster-) Richtlinie zur Durchführung der assistierten Reproduktion stellen ein Tubenverschluss bzw. die tubare Insuffizienz, eine Endometriose, eine männliche Fertilitätsstörung nach erfolgloser Insemination als auch ideopathische Ursachen Indikationen für die IVF dar. Ebenfalls kann unter bestimmten Voraussetzungen

---

[32] Trappe, Assistierte Reproduktion in Deutschland, Rahmenbedingungen, quantitative Entwicklung und gesellschaftliche Relevanz, S. 337.

eine IVF mittels Spendersamen erfolgen.[33] Ergänzend hat der GBA den Zu-
stand nach Tubenamputation in seine Richtlinie aufgenommen.[34]

IV. Intrazytoplasmatische Spermieninjektion (ICSI)

Die ICSI ist eine der modernsten Behandlungen und unterscheidet sich von der
klassischen IVF nur durch ihren Befruchtungsvorgang. Hierbei wird die Eizelle
von den Granulosazellen befreit und die Spermienmobilität eingeschränkt, so
dass diese durch die Glasnadel aufgenommen werden können.[35] Anschließend
erfolgt unter einem Mikroskop die Injektion des Spermas mittels einer dünnen
Nadel in die Oozyte. Der Befruchtungserfolg ist somit nicht von der Spermienmobilität oder deren Anzahl abhängig.[36]

Eine Indikation durch den GBA stellt eine männliche Sterilitätsstörung dar.[37] Die
(Muster-) Richtlinie der Bundesärztekammer ergänzt eine "fehlende oder un-
zureichende Befruchtung bei einem IVF-Versuch".[38] Darüber hinaus erwähnen
Dittrich et al. die Verschmelzungsstörung, welche jedoch nicht in eine der Richtlinien aufgenommen wurde.[39]

V. Kryokonservierung

Hierunter versteht man das langsame oder schnelle Einfrieren von Keimzellen
oder Embryonen, sowie deren Lagerung.[40] Aufgrund des Verbotes des ESchG
überzählige Embryonen zu erzeugen, stellt die Kryokonservierung ein geeigne-
tes Mittel dar, um mit befruchteten Eizellen im Vorkernstadium umzugehen. Die
Überlebensraten liegen zwischen 70 - 80 %. Bei einem erneuten IVF oder ICSI

---

[33] Bundesärztekammer, Deutsches Ärzteblatt 2006, 1392 (1394).
[34] GBA, Richtlinien des Bundesausschusses der Ärzte und Krankenkassen über ärztliche Maßnahmen zur künstlichen Befruchtung, S. 6.
[35] Neulen/Neises, Infertilität und Sterilität - Reproduktionsmedizin, S. 214.
[36] Trappe, Assistierte Reproduktion in Deutschland, Rahmenbedingungen, quantitative Entwicklung und gesellschaftliche Relevanz, S. 338.
[37] GBA, Richtlinien des Bundesausschusses der Ärzte und Krankenkassen über ärztliche Maßnahmen zur künstlichen Befruchtung, S. 7.
[38] Bundesärztekammer, Deutsches Ärzteblatt 2006, 1392 (1394).
[39] Dittrich/Lotz/Schneider/Hoffmann/Beckmann, Aktuelle Methoden und Herausforderungen in
der Reproduktionsmedizin, S. 27.
[40] Trappe, Assistierte Reproduktion in Deutschland. Rahmenbedingungen, quantitative Entwicklung und gesellschaftliche Relevanz, S. 338.

Versuch kann auf diese zurück gegriffen werden und so ein erneuter Stimulationszyklus und eine erneute Punktion vermieden werden. Hierbei können die befruchteten Eizellen aufgetaut und kultiviert werden.[41] Auch die Kryokonservierung von Spermien und Eizellen ist möglich, wobei letzteres eine technische Herausforderung aufgrund der hohen Empfindsamkeit der Eizellen darstellt. Oft wird diese Methode vor einer Strahlen- oder Chemotherapie genutzt. Ebenso gewinnt heutzutage immer mehr das "social freezing" von unbefruchteten Eizellen an Bedeutung.[42]

VI. Eizellspende (Oozytendonation)

Ziel der Eizellspende ist es mittels einer Spendereizelle und einer Befruchtung mit dem Samen des Partners eine Schwangerschaft herbeizuführen.[43] Dafür kommen 2 Möglichkeiten in Betracht. Zum einen können überzählige Eizellen bei einer Frau, die sich zur Zeit einer In-Vitro-Fertilisation unterzieht, entstehen und gespendet werden ("egg sharing"). Zum anderen können die Zyklen der Spenderin und Empfängerin synchronisiert werden, indem sich die Spenderin freiwillig einer ovariellen Stimulationsbehandlung und anschließender Follikelpunktion unterzieht. Anschließend erfolgt eine extrakorporale Befruchtung der Eizelle sowie dessen Transferierung auf die Empfängerin.[44] Ebenfalls kann eine Eizellspende mittels bereits vorhandenen Embryonen erfolgen, bei der die Eizelle mit den Samen eines Fremden befruchtet wurde. Hierbei spricht man allerdings von einer Embryonenspende.[45] Die Eizellspende wird durch das ESchG verboten, während die Embryonenspende juristisch noch nicht eindeutig geklärt ist.[46] Die Eizellspende ist in einigen europäischen Ländern sowie in der USA erlaubt, wobei man speziell bei der Anonymität, der Gewinnung der Eizell-

---

[41] Dittrich/Lotz/Schneider/Hoffmann/Beckmann, Aktuelle Methoden und Herausforderungen in der Reproduktionsmedizin, S. 28.

[42] Trappe, Assistierte Reproduktion in Deutschland. Rahmenbedingungen, quantitative Entwicklung und gesellschaftliche Relevanz, S. 340.

[43] Tinneberg/Michelmann/Naether, Lexikon der Reproduktionsmedizin, S. 41.

[44] Depenbusch/Schultze-Mosgau, Eizell- und Embryospende, S. 288; Schröder/Soyke, Ethische und rechtliche Fragen am Beginn menschlichen Lebens, S. 118.

[45] Freundl/Haidl, Methoden der artifiziellen Reproduktion (ART), S. 428.

[46] Dittrich/Lotz/Schneider/Hoffmann/Beckmann, Aktuelle Methoden und Herausforderungen in der Reproduktionsmedizin, S. 34.

spenderin und der finanziellen Entschädigung unterschiedliche Anwendungen antrifft.[47] Indikationen wurden bereits unter Punkt B benannt.

---

[47] Schröder/Soyke, Ethische und rechtliche Fragen am Beginn menschlichen Lebens, S. 118.

D Rechtliche Rahmenbedingungen

I. ESchG

Das einschlägige Gesetz für die Eizellspende ist das am 01.01.1991 in Kraft getretene Embryonenschutzgesetz (ESchG) vom 13.12.1990.[48] Es stellt ein Strafgesetz dar, welches Verbote in der Reproduktionsmedizin regelt und dessen Rechtsfolgen benennt. Demzufolge sind Methoden der Reproduktionsmedizin erlaubt, welche nicht ausdrücklich im ESchG verboten sind, beispielsweise die IVF.[49] Ziel des ESchG ist es "jeder Manipulierung menschlichen Lebens bereits im Vorfeld zu begegnen".[50] Doch das ESchG geht weit über den Schutz des Embryos hinaus, indem es Zulässigkeiten und Grenzen der Reproduktionsmedizin regelt. Während die Samenzellspende erlaubt ist, wird die Eizellspende verboten.[51] Bereits § 1 Abs. 1 ESchG droht mit einer Freiheitsstrafe bis zu drei Jahren oder einer Geldstrafe, wenn nach Nr. 1

"auf eine Frau eine fremde unbefruchtete Eizelle übertragen wird"

oder nach Nr. 2, wenn es jemand unternimmt

"eine Eizelle zu einem anderen Zweck künstlich zu befruchten, als eine Schwangerschaft der Frau herbeizuführen, von der die Eizelle stammt".

Die selbige Strafandrohung erfolgt nach § 1 Abs. 2 Nr. 1 und 2 ESchG. Dort heißt es

"wer künstlich bewirkt, daß eine menschliche Samenzelle in eine menschliche Eizelle eindringt oder eine menschliche Samenzelle in eine menschliche Eizelle künstlich verbringt ohne eine Schwangerschaft der Frau herbeizuführen zu wollen, von der die Eizelle stammt"

---

[48] Erlinger/Weissauer, Juristische Aspekte, S. 415; ESchG, vom 13. Dezember 1990 (BGBl. I S. 2746), zuletzt geändert durch Art. 1 des Gesetzes vom 21. November 2011 (BGBl. I S. 2228).
[49] Revermann/Hüsing, Fortpflanzungsmedizin- Rahmenbedingungen, wissenschaftlich-technische Entwicklungen und Folgen, S. 198.
[50] BT-Drs. 11/5460, 1.
[51] Schleissing, Ethik und Recht in der Fortpflanzungsmedizin, Herausforderungen, Diskussionen, Perspektiven, S. 35.

wird bestraft. Bereits der Versuch ist gemäß § 1 Abs. 4 ESchG strafbar. Dahingegen besteht gemäß § 1 Abs. 3 Nr. 1 ESchG keine Strafandrohung für die Frau, von der die Eizelle stammt, sowie für die Frau, auf die die Eizelle übertragen werden soll.

Der Gesetzgeber sah sich zur damaligen Zeit gezwungen zwischen kollidierenden Verfassungswerten aber auch unter Einbezug zu Chancen und Risiken bestimmter Methoden mit noch nicht absehbarer Tragweite zu entscheiden. Durch das Verbot der Eizellspende soll eine sog. gespaltene Mutterschaft, bei der die austragende und die genetische Mutter nicht identisch sind, verhindert werden. Aufgrund nicht vorhandener Erkenntnisse wie junge Menschen den Umstand seelisch verarbeiten, wurde angenommen, dass die eigene Identitätsfindung des jungen Menschen erschwert sein könnte.[52] Nach Gassner et al. reicht hier vom Gesetzgeber keine abstrakte sondern muss eine gedacht-konkrete Abwägung stattfinden.[53] Die sog. gespaltene Mutterschaft soll durch die genetischen Erbanlagen als auch die Enge während der Schwangerschaft geprägt sein. Weiterhin sollen seelische Probleme bei einer Spenderin, welche sich selbst in einer IVF Behandlung befindet, vermieden werden, falls es ihr versagt bleibt ein Kind zu gebären und der Empfängerin der Spende nicht. Eine Anteilnahme der austragenden Mutter durch die genetische Mutter und damit einhergehende seelische Konflikte können nicht ausgeschlossen werden.[54]

Im Falle einer Eierstocktransplantation nach vorangegangenem Tod der Spenderin wäre das Kind zusätzlich mit der Gegebenheit konfrontiert, dass seine genetische Mutter zum Zeitpunkt der Befruchtung bereits tot gewesen ist. Ebenfalls mit der Begründung der sog. gespaltenen Mutterschaft soll mit dem ESchG der Embryonenspende entgegengewirkt werden. Das ESchG möchte die Embryonenspende bereits im Vorfeld begegnen, indem es bereits die künstliche Befruchtung mit einer fremden Eizelle unter Strafe stellt. Hierdurch soll mit einem grundsätzlichen Verbot der Embryonenspende ausgekommen werden.[55]

---

[52] BT-Drs. 11/5460, 6 f..
[53] Gassner/Kersten/Krüger/Lindner/Rosenau/Schroth, Fortpflanzungsmedizingesetz Augsburg-Münchner-Entwurf (AME-FMedG), S. 35.
[54] BT-Drs. 11/5460, 6 f..
[55] BT-Drs. 11/5460, 1, 6 f..

Um einen Embryo, der in-vitro gezeugt wurde, vor dem Absterben zu bewahren, stellt die Embryonenspende die einzige Möglichkeit zum Überleben dar, während die Spende des in-vivo gezeugten Embryos gemäß § 1 Abs. 1 Nr. 6 ESchG unter Strafe gestellt wird.[56] Darüber hinaus gestattet das ESchG das Verfahren der Kryokonservierung von befruchteten Eizellen im Vorkernstadium.[57]

Neben dem ESchG spielen in der Reproduktionsmedizin das GG, das SGB V, das AMG, das TPG, das BGB, das StGB, Rechtsfragen des Familien- und Erbrechts, die Bundes- und Landesdatenschutzgesetze, die GBA Richtlinie sowie die (Muster-) Richtlinie der Bundesärztekammer zur künstlichen Reproduktion und der Hippokratischer Eid eine wichtige Rolle, welche hier jedoch nicht weiter betrachtet werden sollen.[58]

II. Persönlichkeitsrecht/ GG

Um die Eizellspende verfassungsrechtlich zu betrachten, müssen das zu entstehende Kind, die Empfängerin, die Ärzte als auch die Eizellspenderin einbezogen werden. Aufgrund kollidierender Grundrechte, entschied der Gesetzgeber beim Entwurf des ESchG zugunsten der Unantastbarkeit der Menschenwürde (Art. 1 Abs. 1 GG) als auch das Recht auf Leben und körperliche Unversehrtheit (Art. 2 Abs. 2 S. 1 GG) auf seitens des zu erzeugenden Embryos zu schützen.[59] Befürworter der Eizellspende stellen demgegenüber verfassungsrechtliche Einwände dar, da hierzu bereits die Existenz eines Menschen voraus gesetzt werden muss. Dahingegen vermuten Gegner die Verletzung der Menschenwürde, da durch die gespaltene Mutterschaft eine Störung der Identitätsfindung auftreten könne und begründen das Verbot mit dem Kindswohl.[60]

---

[56] Bokelmann/Bokelmann, Zur Lage der für andere übernommenen Mutterschaft in Deutschland, S. 12.
[57] BT-Drs. 11/5460, 1, 6 – 9.
[58] Revermann/Hüsing, Fortpflanzungsmedizin- Rahmenbedingungen, wissenschaftlich-technische Entwicklungen und Folgen, S. 197.
[59] BT-Drs. 11/5460, 1, 6;
Möller, Rechtliche Regelungen der Reproduktionsmedizin in Deutschland, S. 585.
[60] May, Rechtliche Grenzen der Fortpflanzungsmedizin, S. 170 f..

Durch die Einschränkung sich fortzupflanzen, könne ebenfalls das Recht auf freie Entfaltung verletzt sein (Art. 2 Abs. 1 GG). Der Gesetzgeber kann dieses Recht jedoch einschränken, wenn er es verfassungsrechtlich begründen kann, wie mit der Schutzpflicht der Menschenwürde (Art. 1 Abs. 1 GG) oder dem Leben und der körperlichen Unversehrtheit (Art. 2 Abs. 2 S. 1 GG).[61] Seitens der werdenden Eltern sind zusätzlich der Gleichheitsgrundsatz und das Diskriminierungsverbot (Art. 3 Abs. 1und 3 GG), insbesondere in Bezug auf die erlaubte Samenspende, sowie der Schutz von Ehe und Familie (Art. 6 Abs. 1 GG) zu berücksichtigen.[62]

Eine Aufgabe des sozialen Bundesstaates (Art. 20 Abs. 1 und Art. 28 Abs. 1 GG) Deutschland ist die Schaffung einer "sozialen Gerechtigkeit".[63]

Die Wissenschaftsfreiheit (Art. 5 Abs. 3 GG) und die Berufsfreiheit (Art. 12 Abs. 1 GG) sind ebenfalls bei der Beurteilung der Eizellspende mit heranzuziehen.[64]

III. GKV

1. Allgemein

Zur Zeit sind ca. 90 % der Bevölkerung gesetzlich krankenversichert.[65] Die Finanzierung der Krankenkassen ist im achten Kapitel des SGB V geregelt (§§ 220 - 274 SGB V). Sie erfolgt mittels paritätischer am Einkommen gemessenen Beiträge seitens der Arbeitgeber und Arbeitnehmer sowie eines steuerfinanzierten Zuschusses des Staates. Die Arbeitgeberanteile wurden eingefroren. Daneben können Krankenkassen in Satzungen die einkommensunabhängigen Zusatzbeiträge für Ausgabensteigerungen erheben.[66] Die gesetzlichen Krankenkassen sind rechtsfähige Körperschaften des öffentlichen Rechts mit Selbstverwaltung und Träger der gesetzlichen Krankenversicherung. (§ 4 Abs. 1 und 2 SGB V)

---

[61] Schleissing, Ethik und Recht in der Fortpflanzungsmedizin, Herausforderungen, Diskussionen, Perspektiven S. 33.

[62] Hieb, Die gespaltene Mutterschaft im Spiegel des deutschen Verfassungsrechts, S. 11.

[63] Eichhorn, Gerechte Rationierung durch Einführung einer Prioritätensetzung im deutschen Gesundheitswesen, S. 80.

[64] Hieb, Die gespaltene Mutterschaft im Spiegel des deutschen Verfassungsrechts, S. 11.

[65] Gust, Kücking, Maßnahmen zur Herbeiführung einer Schwangerschaft aus dem Blickwinkel der gesetzlichen Krankenversicherung-Voraussetzung und Finanzierung, S. 90.

[66] Waltermann, Schwerpunktbereich Sozialrecht, Rdnr. 167 – 170.

Geprägt wird die gesetzliche Krankenversichrung durch das Prinzip der Solidarität *(§ 1 S. 1 SGB V)* und Subsidiarität, das Wirtschaftlichkeitsgebot (§§ 12 Abs. 1 S. 1, 70 Abs. 1 S. 2 SGB V), die qualitative und humanitäre Versorgung der Versicherten (§ 70 Abs. 2 SGB V), die Erstattung der medizinischen Leistungen nach dem Sachleistungsprinzip (§ 2 Abs. 2 S. 1 SGB V), ihrer Selbstverwaltung (§ 4 Abs. 1 SGB V) sowie einer Beitragsstabilität (§ 71 Abs. 1 S. 1 SGB V).[67] Ihre Aufgabe gemäß § 1 S. 1 SGB V besteht darin,

> *"die Gesundheit der Versicherten zu erhalten, wiederherzustellen oder ihren Gesundheitszustand zu bessern."*

2. Momentane Finanzierung von Reproduktionstechniken

a) Allgemein

Bei der Übernahme der Kosten in Bezug auf die Fortpflanzung kommen zwei Möglichkeiten in Betracht. Gemäß § 27 Abs. 1 S. 4 SGB V gehören zur Krankenbehandlung Leistungen zur Herstellung der Zeugungs- und Empfängnisfähigkeit, wenn diese Fähigkeit nicht vorhanden oder durch Krankheit oder wegen einer durch Krankheit erforderlichen Sterilisation verloren gegangen war.[68] Ziel ist es eine Krankheit zu heilen. Beispiele hierfür sind chirurgische Eingriffe, Verordnungen von Medikamenten, Beseitigung eines Eileiter- oder Samenverschlusses oder die Behandlung von Endometriose.[69] Danach kann das Paar seinen Kinderwunsch auf natürlichem Weg realisieren. Dahingegen regelt der § 27a SGB V medizinische Maßnahmen, die eine Schwangerschaft herbeiführen, bei dem der natürliche Weg der Befruchtung durch eine künstliche Befruchtungsmethode ersetzt und somit die Zeugungs- und Empfängnisfähigkeit überbrückt wird und keine Krankheit voraussetzt. Hierbei ist § 27a SGB V subsidiär zu § 27 SGB V.[70]

---

[67] Eichhorn, Gerechte Rationierung durch Einführung einer Prioritätensetzung im deutschen Gesundheitswesen, S. 68 – 72.

[68] Gust/ Kücking, Maßnahmen zur Herbeiführung einer Schwangerschaft aus dem Blickwinkel der gesetzlichen Krankenversicherung-Voraussetzung und Finanzierung, S. 89.

[69] Berchtold/Huster/Rehborn, Nomos Kommentar, Gesundheitsrecht SGB V/SGB XI, § 27a SGB V, Rdnr. 12.

[70] Berchtold/Huster/Rehborn, Nomos Kommentar, Gesundheitsrecht SGB V/SGB XI § 27a SGB V, Rdnr. 4 – 6.

In Kraft getreten ist § 27a SGB V zur künstlichen Befruchtung am 1.1.1989 und hat mit dem GKV- Modernisierungsgesetz mit Wirkung zum 1.1.2004 eine Aktualisierung erhalten. Hierbei kam es zu einer Beschränkung der Behandlungsversuche von "viermal" auf "dreimal", Mindest- und Höchstaltersgrenzen wurden eingeführt, die Pflicht zur Vorlage eines Behandlungsplans sowie eine Reduzierung des Umfangs der Kostenübernahme des Behandlungsplans auf 50 %.[71] Durch die Reduzierung der Kostenbeteiligung ging die Inanspruchnahme der künstlichen Befruchtung zurück. Daraufhin forderte der Bundesrat 2008 die gesetzlichen Krankenkassen auf, die Leistung wieder vollständig zu übernehmen. Bis jetzt liegen keine Gesetzesinitiativen vor.[72]

Darüber hinaus können die gesetzlichen Krankenkassen durch das GKV- Versorgungsstrukturgesetz vom 22.12.2011 mit Wirkung zum 1.1.2012 Satzungen erlassen, indem sie weitere nicht vom Gemeinsamen Bundesausschuss ausgeschlossene Leistungen der künstlichen Befruchtung übernehmen (§ 11 Abs. 6 SGB V).[73]

b) Leistungsvoraussetzungen

Um eine Finanzierung durch die gesetzlichen Krankenkassen zu erhalten, müssen die Voraussetzungen des § 27a Abs. 1 und 3 S. 1 und 2 SGB V i.V.m. den "Richtlinien über künstliche Befruchtung" des gemeinsamen Bundesausschusses (G-BA) gemäß § 92 Abs. 1 S. 2 Nr. 10 SGB V erfüllt sein.[74] Die Beschlüsse des G-BA sind verbindlich (§ 91 Abs. 6 SGB V).

---

[71] Berchtold/Huster/Rehborn, Nomos Kommentar, Gesundheitsrecht SGB V/SGB XI, § 27a SGB V, Rdnr. 2.

[72] Hauck/Haines, Sozialgesetzbuch SGB V, Gesetzliche Krankenversicherung Kommentar, § 27a SGB V, Rdnr. 24b.

[73] Berchtold/Huster/Rehborn, Nomos Kommentar, Gesundheitsrecht SGB V/SGB XI, § 27a SGB V, Rdnr. 2.

[74] GBA, Richtlinien des Bundesausschusses der Ärzte und Krankenkassen über ärztliche Maßnahmen zur künstlichen Befruchtung, S. 2;
Gust/ Kücking, Maßnahmen zur Herbeiführung einer Schwangerschaft aus dem Blickwinkel der gesetzlichen Krankenversicherung-Voraussetzung und Finanzierung, S. 90;
May, Rechtliche Grenzen der Fortpflanzungsmedizin, S. 139.

Bei einer Legalisierung der Eizellspende sowie einer möglichen Finanzierung dieser durch die GKV könnten die Leistungsvoraussetzungen des § 27a Abs. 1 und 3 S. 1 und 2 SGB V als Anhaltspunkt dienen. Die Reproduktionstechnik mittels Eizellspende müsste hierfür ergänzt werden. Folglich werden die Leistungsvoraussetzungen des § 27a Abs. 1 und 3 SGB V näher spezifiziert. Folgende Leistungsvoraussetzungen müssen Versicherte erfüllen:[75]

Ungewollte Kinderlosigkeit (ungeschriebenes Tatbestandsmerkmal): Von der Leistung ausgeschlossen wird, wenn einer der Ehepartner freiwillig eine Sterilisation hat durchführen lassen.

Erforderlichkeit nach ärztlicher Feststellung (§ 27a Abs. 1
Nr. 1 SGB V): Die Behandlungsmethode muss zur Überwindung der Sterilität indiziert sein. Kann diese durch Maßnahmen zur Herstellung der Zeugungs- und Empfängnisfähigkeit, gemäß § 27 Abs. 1 S. 4 SGB V realisiert werden, liegt keine Erforderlichkeit vor (Subsidiarität).
Bietet die ärztliche Maßnahme keine hinreichende Aussicht auf Erfolg, ist nicht durchführbar oder nicht zumutbar, liegt eine Erforderlichkeit vor. Hiermit ist die künstliche Befruchtung ultima ratio.

Hinreichende Erfolgsaussicht zur Herbeiführung einer Schwangerschaft nach künstlicher Befruchtung durch ärztlicher Feststellung (§ 27a Abs. 1 Nr. 2 SGB V): Bei der Erfolgsaussicht werden das Alter sowie die zugrunde liegende Störung mit berücksichtigt. Eine hinreichende Erfolgsaussicht besteht nicht mehr, wenn die Maßnahme drei Mal ohne Erfolg vollständig durchgeführt worden ist. Punkt 8 der G-BA Richtlinie knüpft daran an.[76] Bei der Insemination im Spontanzyklus wird hier eine hinreichende Aussicht bis zu achtmal und beim intratubaren Gametentransfer bis zu zweimal gesehen, wobei man letzteres nur als nicht ver-

---

[75] Berchtold/Huster/Rehborn, Nomos Kommentar, Gesundheitsrecht SGB V/SGB XI, § 27a SGB V, Rdnr. 9 - 30;
Hauck/Haines, Sozialgesetzbuch SGB V, Gesetzliche Krankenversicherung Kommentar, § 27a SGB V, Rdnr. 9 - 22;
Knickrehm/ Kreikebohn/Waltermann, Bek´sche Kurz-Kommentare, Kommentar zum Sozialrecht, § 27a SGB V Rdnr. 3 – 11.
[76] GBA, Richtlinien des Bundesausschusses der Ärzte und Krankenkassen über ärztliche Maßnahmen zur künstlichen Befruchtung, S. 3.

bindlichen Ansatz medizinischer Erfahrungen werten kann und die gesetzliche Krankenkasse abweichen muss.[77] Konnte eine klinische Schwangerschaft nachgewiesen werden, ohne dass es zu einer Geburt kam, wird dieser Behandlungsversuch nicht mit angerechnet. Die Herabsetzung auf drei Versuche durch das GKV-Modernisierungsgesetz 2003 soll "Ausgaben für künstliche Befruchtung auf Fälle medizinischer Notwendigkeit" begrenzen.[78]

Beschränkung auf Ehepaare (§ 27a Abs. 1 Nr. 3 SGB V): Gleichgeschlechtliche Personen sowie nichteheliche Lebensgemeinschaften haben dadurch keinen Anspruch auf künstliche Befruchtung. Das BVerfG erklärte dies mit dem GG vereinbar, da die Klärung der Voraussetzungen für Leistungen der gesetzlichen Krankenkasse der grundsätzlichen Freiheit dem Gesetzgeber obliegt. Verfassungsrechtlich könnte er die Leistungen nach § 27a SGB V ausweiten.[79] Veränderungen im 21. Jahrhundert bezüglich des Ehe- und Familienmodells bis hin zu anderen Lebensformen sollten beachtet werden. Nicht eheliche Lebensgemeinschaften und Scheidungen haben zugenommen.[80] Ein Gesetzesentwurf zur Gleichstellung verheirateter, verpartnerter und auf Dauer in einer Lebensgemeinschaft lebender Paare liegt diesbezüglich dem Bundestag vor.[81] Eine ausführliche Debatte hierzu fand in der 76. Sitzung am 18. Dezember 2014 statt.[82] Anlässlich des Gesetzesentwurfes kam es am 14.10.2015 zu einer öffentlichen Anhörung des Gesundheitsausschusses des Bundestages. Anwesende Gesundheits- und Rechtsexperten fordern vor der Klärung entsprechender Finanzierungsfragen eine systematische Rechtsentwicklung für den sensiblen Bereich der Reproduktionsmedizin. Pro Familia sprach sich für eine Weiterentwicklung des Embryonenschutzgesetz zu einem "Fortpflanzungsmedizingesetz" aus.[83] Ein Entwurf gibt es bereits.[84] Der GKV- Spitzenverband hält einen nötigen gesellschaftlichen Diskurs sowie eine alleinige Entscheidung

---

[77] *Aussage nur auffindbar in:* Berchtold/Huster/Rehborn, Nomos Kommentar, Gesundheitsrecht SGB V/SGB XI, §27a SGB V, Rdnr. 19.
[78] BT-Drs. 15/1525, 83.
[79] BVerfG, Urteil vom 28.02.2007 - 1 BvL 5/03, 1 (35).
[80] Krätschmer-Hahn, Kinderlosigkeit in Deutschland. Zum Verhältnis von Fertilität und Sozialstruktur, S. 16.
[81] BT-Drs. 18/3279, 1 – 5.
[82] Dt. BT, Stenografischer Bericht, Plenarprotokoll 18/76, 7234 - 7250.
[83] juris, Rechtslücken in der Reproduktionsmedizin, 14.10.2015.
[84] Gassner et al., Fortpflanzungsmedizingesetz Augsburg-Münchner-Entwurf (AME-FMedG).

seitens des Gesetzgebers für nötig, da sich der Leistungsanspruch für verheirate-te sowie heterosexuelle Paare auf die heterologe Insemination erweitern würde.[85]

Ausschließliche Verwendung von Ei- und Samenzellen vom Ehegatte (§ 27a Abs. 1 Nr. 4 SGB V): Die heterologe Befruchtung ist im Gegensatz zur homolo-gen Befruchtung von der Leistungspflicht der Krankenkasse ausgeschlossen. Begründet wird dies mit dem Auseinanderfallen von genetischer- und sozialer Mutter- bzw. Vaterschaft.[86] Darüber hinaus ist gemäß § 1 Abs. 1 Nr. 2 ESchG die künstliche Befruchtung mit einer fremden Eizelle unter Strafe gestellt, so dass eine spätere Embryonenspende verboten ist.[87] Demzufolge dürfen verbotene Behandlungen von der gesetzlichen Krankenkasse nicht finanziert werden. Die genannte Leistungsvoraussetzung verletzt kein Verfassungs- sowie euro-päisches Gemeinschaftsrecht.[88] Auch kann dies nicht durch Satzungen der ge-setzlichen Krankenkassen aufgrund höherrangigen Rechts verändert werden.[89]

Ärztliche Unterrichtung und Überweisung der Ehegatten (§ 27a Abs. 1 Nr. 5 SGB V): Die Ehegatten sind verpflichtet sich vor der Durchführung von einem unabhängigen Arzt oder Ärztin über die Behandlung unter medizinischen und psychosozialen Punkten aufklären zu lassen. Ebenso benötigen sie von diesen eine Überweisung an einen Arzt, eine Ärztin oder eine Einrichtung, welcher eine Genehmigung nach § 121a SGB V erteilt worden ist.
Bei der Beratung sollen Alternativen, eher geringe Erfolgswahrscheinlichkeiten, Risiken und Belastungen besprochen werden. Das Beratungsnetzwerk Kinder-wunsch Deutschland (BKiD) kann bei der Suche nach einer weiteren freiwilligen, unabhängigen, nicht gesetzlich vorgeschriebenen psychosozialen Beratung hel-

---

[85] GKV-Spitzenverband, Stellungnahme zum Gesetzesentwurf der Fraktion BÜNDNIS 90/DIE GRÜNEN zur Änderung des Fünften Buches Sozialgesetzbuch zur Gleichstellung verheirate-ter, verpartnerter und auf Dauer in einer Lebensgemeinschaft lebender Paare bei der Kosten-übernahme der gesetzlichen Krankenversicherung für Maßnahmen der künstlichen Befruch-tung, Rdnr. 27 - 29, 54 – 55.
[86] Berchtold/Huster/Rehborn, Nomos Kommentar, Gesundheitsrecht SGB V/SGB XI, § 27a SGB V, Rdnr. 23.
[87] BT-Drs. 11/5460, 8.
[88] BSG, Urteil vom 09.10.2001, Az.: B 1 KR 33/00 R, 1 (12, 14); BVerfG, Urteil vom 28.02.2007 - 1 BvL 5/03, 1 (35).
[89] BSG 1 Senat, Urteil vom 18.11.2014 - B 1 A 1/14 R, 1 (10).

fen. Das Netzwerk entwarf Leitlinien, welche die psychosoziale Beratung in die medizinische Behandlung integriert und Grundsätze für die Beratung aufstellt.[90]

Altersgrenzen und Behandlungsplan (§ 27a Abs. 3 S. 1 und 2 SGB V): Der Anspruch entsteht erst bei Versicherten, die das 25. Lebensjahr vollendet haben. Hierdurch soll gewährleistet werden, dass die Spontanschwangerschaft nicht durch fehlende Geduld verhindert wird, denn bis zu dem Alter sind nur die wenigsten Paare unfruchtbar. Bei der obersten Altersgrenze darf die Frau das 40. und der Mann das 50. Lebensjahr nicht vollendet haben. Die Begründung ist naturgeschichtlich zu sehen. Das natürliche Konzeptionsoptimum ist bereits ab dem 30. Lebensjahr überschritten und die Konzeptionswahrscheinlichkeit nach dem 40. Lebensjahr sehr gering. Die Höchstaltersgrenze beim Mann soll dem Kindeswohl dienen.

Ein nach § 121a SGB V ermächtigter Arzt oder ermächtigte Ärztin muss vor Beginn der Behandlung einen Behandlungsplan bei der gesetzlichen Krankenkasse vorlegen.

Eine Sonderregelung zur Insemination, welche hier nicht näher betrachtet werden soll, findet man im § 27a Abs. 2 SGB V.

c) Finanzierung der künstlichen Befruchtung

Da es sich bei den Maßnahmen zur künstlichen Befruchtung nach § 27a SGB V um einen Sachleistungsanspruch handelt, finden die Regelungen über privatärztliche Behandlung auf der Gebührenordnung der Ärzte (GOÄ) keine Anwendung.[91] Unterschieden werden kann zwischen den Leistungen am Körper der Ehefrau (Hormonbehandlung, Follikelpunktion, Embryonentransfer), am Körper des Ehemannes (Gewinnung des Samens) sowie den extrakorporalen durchgeführten Maßnahmen (Beratung, Aufbereitung der Eizellen und des Spermas

---

[90] Beratungsnetzwerk Kinderwunsch Deutschland, Richtlinien "Psychsosoziale Beratung bei unerfülltem Kinderwunsch", S. 1.
[91] BT-Drs. 15/1525, 83.

sowie dessen Zusammenführung im Reagenzglas bei der IVF oder der Injektion des Spermas in die Eizelle bei der ICSI).[92]

Die gesetzliche Krankenkasse übernimmt für die jeweils bei ihm versicherte Person einen Anteil von 50 % der im Behandlungsplan genehmigten Kosten (§ 27a Abs. 3 S. 3 SGB V), egal bei wem die Ursache der Unfruchtbarkeit liegt.[93] Hierbei gilt das sogenannte Körperprinzip.[94] Der übrige 50 %ige Kostenanteil muss direkt zwischen der versicherten Person und dem Arzt abgerechnet werden.[95]

Die extrakorporalen Leistungen sind auf das gesamte Ehepaar bezogen, so dass hierfür jeder der Versicherten Ehepartner die Kosten bei seiner gesetzlichen Krankenversicherung geltend machen kann. Sind beide gesetzlich versichert, ist zur Vereinfachung der Richtlinienumsetzung des G-BA zur künstlichen Befruchtung die Versicherung des Mannes für die Gewinnung, Untersuchung sowie dessen Aufbereitung des Samens als auch für die Beratung nach Nr. 16 und eine gegebenenfalls humangenetische Beratung zuständig. Für die Beratung bezüglich medizinische, psychische und soziale Aspekte der künstlichen Befruchtung nach Nr. 14 sowie die Zusammenführung der Ei- und Samenzelle ist die gesetzliche Versicherung der Frau zuständig. Im Falle, dass nur ein Ehepartner gesetzlich krankenversichert ist, haben die Spitzenverbände der Krankenkassen empfohlen, dass für die Beratung die Krankenkasse des gesetzlich Versicherten aufkommt.[96] Weiterhin werden von privat Versicherten bei Vorliegen einer Krankheit, nicht jedoch bei einer idiopathischen Sterilität, die 100%igen Kosten übernommen. Hierbei sind keine starren Altersgrenzen oder die Zahl von Behandlungszyklen festgelegt.[97] Der gesetzlich Krankenversicherte hat ebenso einen Anspruch auf eine 50%ige Kostenübernahme, so dass

---

[92] Berchtold/Huster/Rehborn, Nomos Kommentar, Gesundheitsrecht SGB V/SGB XI, § 27a SGB V, Rdnr. 35.

[93] Gust/ Kücking, Maßnahmen zur Herbeiführung einer Schwangerschaft aus dem Blickwinkel der gesetzlichen Krankenversicherung-Voraussetzung und Finanzierung, S. 101.

[94] Schröder/Soyke, Ethische und rechtliche Fragen am Beginn menschlichen Lebens, S.141.

[95] Gust/Kücking, Maßnahmen zur Herbeiführung einer Schwangerschaft aus dem Blickwinkel der gesetzlichen Krankenversicherung-Voraussetzung und Finanzierung, S. 100.

[96] Gust/ Kücking, Maßnahmen zur Herbeiführung einer Schwangerschaft aus dem Blickwinkel der gesetzlichen Krankenversicherung-Voraussetzung und Finanzierung, S. 101 – 102.

[97] Berchtold/Huster/Rehborn, Nomos Kommentar, Gesundheitsrecht SGB V/SGB XI, § 27a SGB V, Rdnr. 36.

eine Anspruchsdoppelung entsteht.[98] Ein Wahlrecht durch die Versicherten besteht.[99] Darüber hinaus kann ein erweiterter Leistungsanspruch aufgrund von Satzungsregelungen der Krankenkassen vorliegen.[100]

Die Kryokonservierung von Samenzellen, imprägnierten Eizellen oder noch nicht transferierten Embryonen gehen über die normalen Leistungen der künstlichen Befruchtung hinaus.[101] Eigenanteile können steuerrechtlich als außergewöhnliche Leistung abgesetzt werden.[102] Dabei können nach dem Urteil vom 11.02.2015 des 2. Senats des Finanzgerichts Berlin-Brandenburg die Kosten für eine Eizellspende im Ausland nicht geltend gemacht werden, da das EschG die Eizellspende unter Strafe stellt und dadurch nicht den Berufsordnungen der Ärzte entspreche. Die Revision ist aufgrund der grundsätzlichen Bedeutung der Rechtsfrage zugelassen.[103]

Somit bleibt vielen Paaren, insbesondere welche aufgrund des EschG auf eine Eizellspende angewiesen sind, nur noch die Möglichkeit auf Reproduktionstechniken im Ausland zurückzugreifen und die weitaus höhere finanzielle Belastung zu 100 % selbst zu tragen.[104]

d) Finanzierungsmöglichkeiten der Eizellspende

Im Vergleich anderer finanzierter Reproduktionstechniken ist bei der Eizellspende eine dritte Person involviert. Gleiches gilt für die heterologe Insemination mittels Samenspende, welche nach der Stellungnahme des GKV- Spitzen-

---

[98] Möller, Rechtliche Regelungen der Reproduktionsmedizin in Deutschland, S. 601.

[99] Berchtold/Huster/Rehborn, Nomos Kommentar, Gesundheitsrecht SGB V/SGB XI, § 27a SGB V, Rdnr. 38.

[100] Gust/ Kücking, Maßnahmen zur Herbeiführung einer Schwangerschaft aus dem Blickwinkel der gesetzlichen Krankenversicherung-Voraussetzung und Finanzierung, S. 102.

[101] GBA, Richtlinien des Bundesausschusses der Ärzte und Krankenkassen über ärztliche Maßnahmen zur künstlichen Befruchtung, S. 2.

[102] Berchtold/Huster/Rehborn, Nomos Kommentar, Gesundheitsrecht SGB V/SGB XI, § 27a SGB V, Rdnr. 41.

[103] Finanzgericht Berlin-Brandenburg, Urteil vom 11.02.2015, Az.: 2 K 2323/12.

[104] Zimmermann, Medizinische Kinderwunschbehandlung-Wie können wir uns gut vorbereiten, S. 60.

verbandes zum Gesetzesentwurf von BÜNDNIS 90/ DIE GRÜNEN mit geregelt werden muss.[105]

Sollte es in Deutschland zu einer Legalisierung der Fremdeizellspende sowie einer Zustimmung des Bundes über die Finanzierung mittels der gesetzlichen Krankenkassen kommen, könnten auf die in § 27a SGB V genannten Regelungen mit etwaigen Änderungen zurückgegriffen werden.

Fraglich ist diesbezüglich die Finanzierung der Maßnahmen wie die Aufklärung, die ovarielle Stimulationsbehandlung sowie die Follikelpunktion der Fremdeizellspenderin zur Eizellgewinnung.[106]

Da bis dato die heterologe Insemination mittels Spendersamen selbst finanziert wird, kann dies demzufolge nicht als Anhaltspunkt dienen. Vergleichsweise könnte hier die Spende, Entnahme und Übertragung von Organen oder Geweben, welche im Transplantationsgesetz (TPG) geregelt ist, zur näheren Betrachtung heran gezogen werden. Das TPG gilt gemäß § 1 Abs. 2 S. 1 TPG für die Spende und die Entnahme von menschlichen Organen oder Geweben mit dem Zweck der Übertragung, einschließlich dessen Vorbereitung. Ein Gewebe ist im Sinne des § 1a Nr. 4 TPG auch eine einzelne menschliche Zelle. Hierunter fällt die Eizelle. Blut und Blutbestandteile sind bereits im Transfusionsgesetz (TFG) erfasst, so dass diese nicht im Anwendungsbereich nach § 1 Abs. 3 Nr. 2 TPG liegen.[107] Vergleicht man Gewebe und Organe nach dem TPG gegenüber Blutübertragungen nach dem TFG, gibt es strengere Regeln im TPG. Als Beispiel sei hier die Zulässigkeit zur Entnahme und dessen Übertragung einer Niere genannt, bei dem diese auf Verwandte ersten oder zweiten Grades, Ehegatten, eingetragenen Lebenspartnern, Verlobten oder anderen Personen, die dem Spender in besonderer persönlicher Verbundenheit offenkundig nahestehen, zulässig ist (§ 8 Abs. 1 S. 2 TPG). Wobei hingegen die Auswahl der spendenden Personen nach § 5 TFG die Tauglichkeit mittels einer ärztlichen Person

---

[105] GKV-Spitzenverbund, Stellungnahme zum Gesetzesentwurf der Fraktion BÜNDNIS 90/DIE GRÜNEN zur Änderung des Fünften Buches Sozialgesetzbuch zur Gleichstellung verheirateter, verpartneter und auf Dauer in einer Lebensgemeinschaft lebender Paare bei der Kostenübernahme der gesetzlichen Krankenversicherung für Maßnahmen der künstlichen Befruchtung, Rdnr. 27 – 29.

[106] Depenbusch/Schultze-Mosgau, Eizell- und Embryospende, S. 288.

[107] Pühler/Middel/Hübner, Praxisleitfaden Gewebegesetz: Grundlagen, Anforderungen, Kommentierungen, S. 64;
Spickhoff/Middel/ /Scholz, Medizinrecht, TPG § 1 Rdnr. 5.

befundet werden muss. Hinweise auf ein Verwandtschafts- oder Beziehungs-verhältnis lassen sich daraus nicht erkennen. Die Voraussetzungen der Eizell-spenderin sollen nicht Gegenstand dieser Arbeit sein. Vielmehr erscheint es als sinnvoll, die Finanzierung beider soeben aufgeführten Methoden in Augen-schein zu nehmen.

Obwohl die Krankenbehandlung gemäß § 27 SGB V den Versicherungsfall "Krankheit", das heißt einen regelwidrigen Körper- oder Geisteszustand des Versicherten, voraus setzt, wurde mit dem § 27a SGB V ein eigenständiger Versicherungsfall, der unabhängig vom Vorliegen einer Krankheit besteht, ge-schaffen.[108] Demzufolge sind die Ansprüche der Krankenbehandlung nach § 27 SGB V von § 27a SGB V zu trennen, da diese Maßnahmen der künstlichen Be-fruchtung und nicht der Beseitigung einer Krankheit gemäß §§ 11 Abs. 1 Nr. 4 sowie 27 Abs. 1 S. 1 SGB V dienen. Aufgrund der Anwendung als auch entbehr-licher Verweisungsvorschriften einiger nachfolgender Regelungen im fünften Ab-schnitt des SGB V wie beispielsweise der ärztlichen Behandlung, wurde die künstliche Befruchtung im § 27a SGB V den Maßnahmen der Krankenbehand-lung zugewiesen.[109]

Trotz Unterscheidung der Ansprüche auf Krankenbehandlung und künstliche Befruchtung nach dem SGB V, erscheint es als sinnvoll sich die Regelungen der gesetzlichen Krankenversicherung in Bezug auf den Spender oder die Spenderin von Organen- bzw. Geweben oder Blut gemäß § 27 Abs. 1a SGB V näher zu betrachten (Lebendspende). Etwaige Regelungen stellen möglicher-weise einen Lösungsansatz für die Finanzierung der Behandlung bei der Eizell-spenderin dar und können als Anhaltspunkt behilflich sein. Mit einer Organ-spende zum Zwecke einer Übertragung auf einen gesetzlich Krankenversicher-ten haben die Spender, selbst wenn diese nicht gesetzlich krankenversichert sind, einen Anspruch auf Krankenbehandlung, da diese als eine Nebenleistung

---

[108] Knickrehm/Kreikebohn/Waltermann, Bek´sche Kurz-Kommentare, Kommentar zum Sozial-recht, § 27a SGB V Rdnr. 2.
[109] Hauck/Haines, Sozialgesetzbuch SGB V, Gesetzliche Krankenversicherung Kommentar, § 27a SGB V, Rdnr. 4.

der Behandlung des Organempfängers gilt.[110] Hierzu zählen stationäre und ambulante Behandlungen der Spender, Erstattung von medizinisch erforderlichen Vor- und Nachbetreuungen, Leistungen der medizinischen Rehabilitation, Erstattung von Krankengeld im Falle des Ausfalls von Arbeitseinkünften und Fahrtkosten sowie bei Folgeerkrankungen. Überträgt man dies auf die Eizellspenderin müsste die Krankenkasse der Empfängerin für etwaige Kosten aufkommen.

Eine weitere Möglichkeit wäre die Finanzierung der Kosten, die im Zusammenhang mit der Behandlung der Eizellspenderin entstehen, auf die Empfängerin zu übertragen. Da bisher jedoch bei der Finanzierung von modernen Reproduktionsmöglichkeiten nach § 27a SGB V keine Hinzunahme Dritter zu berücksichtigen war, stellte sich bis heute diese Frage nicht. Gleiches könnte bei einer heterolgen Insemination heran gezogen werden. Vergleicht man hingegen die eigenständige Finanzierung mit den Leistungen der gesetzlichen Krankenversicherung bei Spender und Spenderinnen von Organen- oder Geweben als auch Blut, ist schnell klar, dass einzelne Leistungsübernahmen wie beispielsweise die Zahlung von Krankengeld oder auch Folgeerkrankungen durch die Empfängerin nicht finanzierbar wären. Jedoch könnten Überlegungen darauf hinaus laufen, dass die Empfängerin die direkten Kosten, wie beispielsweise die Hormonbehandlung oder Follikelpunktion und die gesetzliche Krankenkasse über die Behandlung hinaus gehendes übernimmt. Inwieweit diese möglichen Regelungen verfassungsgemäß wären, bleibt höchst fraglich.

Schaut man ins Nachbarland Tschechien werden dort die Kosten für Medikamente der Eizellspenderin als auch die eigentliche Eizellspende von der Empfängerin getragen.[111]

Da die Behandlungskosten beim IVF Versuch bereits von der Krankenkasse finanziert werden, stellt das "egg sharing" eine kostengünstigere Behandlung dar. Einzelheiten hierzu sollen an dieser Stelle nicht weiter erläutert werden.

---

[110] Knickrehm/Kreikebohn/Waltermann, Bek´sche Kurz-Kommentare, Kommentar zum Sozialrecht, § 27a SGB V Rdnr. 15.
[111] ISCARE IVF, Presiliste der Eizellspende "Pakete".

IV. Ethische Probleme bei der Eizellspende

Die Ethik, welche dem Handeln Orientierung gibt oder es bewertet und somit als Grundlage für Antworten dient, ist bei der grundsätzlichen Fragestellung der Eizellspende mit zu betrachten. Im Speziellen beschäftigt sich hiermit die Medizinethik, welche sich mit dem moralisch Gesollten, Erlaubten und Zulässigen auseinandersetzt.[112] Vor diesem Hintergrund stellt sich die Frage, ob eine solidarische Finanzierung der Eizellspende aus ethischen Gesichtspunkten realisierbar wäre.

Die Argumente für oder gegen eine Finanzierung, könnten die der gesellschaftlichen Diskussion bezüglich einer Legalisierung der Eizellspende ähneln. Bei der Jahrestagung des deutschen Ethikrates mit zahlreichen Gästen am 22. Mai 2014 entstand eine Argumentationskarte zur Frage der Zulässigkeit der Eizellspende.[113] Sie spiegelt zwar keine Überzeugungen des Ethikrates wieder, erhält keine Aussage über ihre Richtigkeit sowie dessen Vollständigkeit, jedoch können die Aussagen Einstellungen wiederspiegeln und als Möglichkeit zur Beantwortung der Frage hilfreich sein. Infolgedessen werden diese kurz zusammengefasst.[114]

Auf Seiten der Wünsche und Rechte der Eltern standen die reproduktive Autonomie als auch die Gleichberechtigung zur Diskussion. Die Eizellspende sei der beste Weg, wenn die Elternschaft durch diese ermöglicht werden könne. Allerdings stände die Adoption als Alternative zur Verfügung. Mittels der Eizellspende sei allerdings für den Vater eine genetische Verwandtschaft möglich, welcher ein wichtiger Faktor für den familiären Zusammenhalt wäre. Gegner sehen diesen allerdings in der Liebe und Fürsorge gegenüber des Kindes. Ein weiterer wichtiger Bestandteil zu einer vernünftigen Bindung zwischen Mutter und Kind sei durch die Schwangerschaft gegeben. Wichtiger jedoch sei hierfür die Liebe und Fürsorge nach der Geburt. Darüber hinaus stellt die Adoption durch einen langwierigen Prozess keine Alternative dar. Ferner kann aus diesem Grund nicht die Eizellspende bevorzugt werden, da auch diese einen Mangel aufweist.

---

[112] Steger, GTE Medizin, S. 12.
[113] Deutscher Ethikrat, Die Zukunft der Fortpflanzungsmedizin in Deutschland.
[114] Grötker, Argumentkarte: Sollte die Eizellspende in Deutschland zulässig sein?.

Weiterhin würde die Spenderin instrumentalisiert werden. Dies ist auch bei einer Lebendorganspende der Fall, allerdings sei dies mit einschränkenden Regeln erlaubt.

Im Zuge der Gleichberechtigung soll Frauen die gleiche medizinische Hilfe zur Verfügung stehen wie unfruchtbaren Männer. Auch wäre die Eizellspende eine Möglichkeit für Frauen im fortgeschrittenen Alter. Nichtsdestotrotz ist die Eizellspende im Gegensatz zur Samenzellspende ein invasiver Eingriff, bei der die Eizellspenderin höheren Risiken ausgesetzt ist.

Eine Erbkrankheit könne durch die Eizellspende verhindert werden und Eltern könnten ihre Kinder aufgrund einer rechtlichen Zulässigkeit besser über ihre genetische Herkunft aufklären. Unklare Familienverhältnisse, insbesondere die gespaltene Mutterschaft könne das Wohl des Kindes gefährden, wobei hier ein Eizell-Spenden-Register entgegen wirken könne.
Um das Wohl der Spenderin zu schützen, könne die Weitergabe von nicht mehr benötigten Eizellen aus in-vitro-Fertilisationen durch das sogenannte "egg sharing" der Ausbeutung der Spenderfrauen, die aus finanzieller Not handeln, entgegen wirken. Gleichermaßen dürfe auch die Motivation aus altruistischen Gründen nicht vergessen werden. Obendrein sollen die Gesundheitsrisiken für die Spenderin mit bedacht werden.
Mittels einer gesetzlichen Sicherung als auch die Einführung von nationalen Standards würden die schutzwürdigen Interessen der Spenderin gewahrt werden. Eine Zulassung würde jedoch dazu führen, dass sich mehr Frauen ethisch bedenklichen Praktiken unterziehen.

Ob es weiterhin einen Rückhalt bezüglich des Verbotes einer Eizellspende in der Bevölkerung gibt und ob dieses mit der Verfassung konform wäre, ist fraglich. Möglicherweise könnte durch eine Legalisierung der Eizellspende dem Geburtenrückgang entgegen gewirkt werden, wobei dies auch mittels einer Adoption aus bevölkerungsreichen Ländern erfolgen könnte. Da Spendereizellen eine knappe Ressource darstellen, ist es fraglich, ob bei einer Legalisierung in Deutschland dem Eizelltourismus entgegen gewirkt werden kann.

Zugleich stelle die Eizellspende einen Eingriff in die Natur dar, wobei diese grausam und kein Maßstab hierfür sei. Das Dammbruchargument, falls es zu einer Legalisierung käme, es könne gleichzeitig eine erweiterte Präimplantations-diagnostik geben und folglich eine Entstehung von Designerbabys fördern, sollte einen wesentlichen Punkt in der ethischen Diskussion einnehmen. Ebenfalls könne es zu einer Kommerzialisierung der Schwangerschaft kommen, was sich allerdings nicht nur durch Gesetze aufhalten ließe. Auch könne es zu erhöhten gesundheitlichen Risiken bei der Schwangeren kommen. Ferner sei ein Wertverlust durch die Aufweichung der gesellschaftlichen Familie als negativ zu bewerten.

E Verschiedene Betrachtungsweisen

I. Situation und Erwartung Betroffener

In den Industrieländern steigt der Lebensstandard, welcher dem Kinderwunsch entgegensteht.[115] Die Konsequenz ist ein Geburtenrückgang und eine damit einhergehende Überalterung unserer Gesellschaft.[116] Dies wird insbesondere aus den Zahlen des Statistischen Bundesamt ersichtlich (Geburten im Jahre 1970: 1.047.737; im Jahre 2010: 677.947).[117] Ob und inwieweit die Gesellschaft des Bismarck-Generationsvertrages die Gesundheits- und Altersversorgung in Zukunft aufbringen kann, bleibt für die Allgemeinheit offen.[118] Ebenso ist das Durchschnittsalter der Erstgebärenden gestiegen.[119] Im Durschnitt sind die Erstgebärenden 29 Jahre alt.[120]

Eine Verschiebung beider Variablen zeigt die folgende Abbildung.[121]

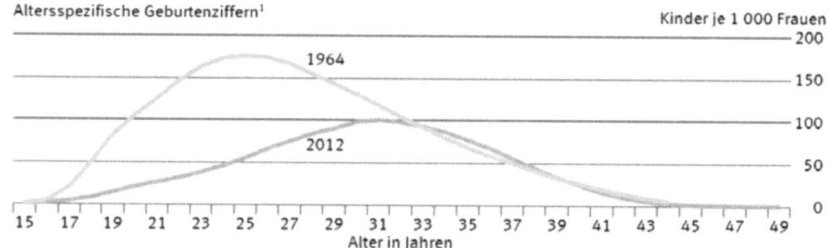

Altersspezifische Geburtenziffern1964: Früheres Bundesgebiet. 2012 Deutschland
Quelle: Pötzsch/Weimann/Haustein, hrsg.: Statistisches Bundesamt, 2012

---

[115] Depenbusch/ Schultze-Mosgau, Eizell- und Embryonenspende, S. 288;
Emmert, Familienplanung, Demographische und geschichtliche Faktoren, S. 61;
Mertens, Wunschhkinder, Natur, Vernunft und Politik, Die menschliche Reproduktion, S. 127.

[116] Emmert, Familienplanung. Demographische und geschichtliche Faktoren, S. 61;
Neulen/Neises, Infertilität und Sterilität-Reproduktionsmedizin, S. 199.

[117] Pötzsch, Wirtschaft und Statistik, Geburtenfolge und Geburtenabstand-neue Daten und Befunde, S. 90.

[118] Neulen/Neises, Infertilität und Sterilität-Reproduktionsmedizin, S. 199.

[119] Dorn/Wischmann, Psychosomatik und psychosoziale Betreuung, S. 485;
Pötzsch/Weinmann/Haustein, Geburtentrend und Familiensituation in Deutschland, S. 13;
Tempfer, Epidemiologie und demografische Entwicklung, S. 23.

[120] Pötzsch/Weinmann/Haustein, Geburtentrend und Familiensituation in Deutschland, S. 20.

[121] Pötzsch/Weinmann/Haustein, Geburtentrend und Familiensituation in Deutschland, S. 13, Abb. 1.4.

28

Begründet wird die Verschiebung des Alters mit verschiedensten Einflussfaktoren. Insbesondere wird hier der Beruf, der richtige Lebenspartner aber auch die finanzielle Absicherung genannt, was zum vorläufigen Verzicht einer Schwangerschaft führt. Die Fruchtbarkeit nimmt jedoch ab dem 25. Lebensjahr ab und der Kinderwunsch wird somit häufig über die biologischen Grenzen verschoben. Erstaunlicherweise wissen das nur 3,4 % der deutschen Frauen.[122] Die Fruchtbarkeit wird durch die Reduzierung sowie die weniger funktionstüchtige Eizelle herabgesetzt.[123] Diese als auch krankheitsbedingte oder idiopathische Ursachen können Gründe für eine entsprechende reproduktionsmedizinische Maßnahme darstellen.[124]

Unfruchtbarkeit und Behandlungen mittels reproduktionsmedizinischer Techniken gelten als "am schwersten zu tragende emotionale Erfahrung" beim Kinderwunsch.[125] Bereits in der Bibel wird ungewollte Kinderlosigkeit als schweres Leid dargestellt. Ein eigenes Kind wird als menschliches Urbedürfnis verstanden, welches der Arterhaltung und der individuellen und partnerschaftlichen Entfaltung dient. Ferner ist das Frauenbild und dessen Wertschätzung von der Fertilität und der Mutterrolle geprägt.[126] Ist dieses Lebensziel bedroht, insbesondere durch starke lang anhaltende Belastungen, kann dies zu einer Lebenskrise führen. Durch die Enttäuschung kann es zu Emotionen wie Verzweiflung, Hilflosigkeit, Wut und Angst kommen. Betroffene sind schneller verletzbar, ungeduldiger und hoffnungslos.[127] Aber auch ein herabgesetztes Selbstwertgefühl, der Eintritt einer depressiven Verstimmung, Probleme in der Partnerschaft inklusive Störungen im sexuellen Bereich können auftreten.[128]

---

[122] Dorn/Wischmann, Psychosomatik und psychosoziale Betreuung, S. 485.
[123] Bals-Pratsch, Frauengesundheitliche Aspekte im Kontext der Reproduktionsmedizin, S. 40.
[124] Tempfer, Epidemiologie und demografische Entwicklung, S. 23.
[125] Goebel, Zwischen Hoffnung und Verzweiflung, Beratung und Seelsorge bei unerfülltem Kinderwunsch, S. 14.
[126] Merz, Die medizinische, ethische und juristische Problematik artifizieller menschlicher Fortpflanzung, S. 57 – 58.
[127] Walraff, Unerfüllter Kinderwunsch als Lebenskrise-Wie können wir daran wachsen, S. 130.
[128] Merz, Die medizinische, ethische und juristische Problematik artifizieller menschlicher Fortpflanzung, S. 58.

Skeptisch wird der reproduktionsmedizinische Eingriff von Menschen in die Schöpfungs- und Naturordnung gesehen.[129] Aus den Folgen der Enttäuschung und der bestehenden Hoffnung ein Kind zu gebären, werden viele Paare als letzte Möglichkeit auf reproduktionstechnische Maßnahmen zurückgreifen. Wird die Eizellspende legalisiert und eventuell finanziert, erwachsen wie bereits bei legalisierten reproduktionsmedizinischen Verfahren als auch bei der PID aus neuen Handlungsmöglichkeiten neue Handlungszwänge.[130] Trotz gesundheitlicher Risiken und einer hohen emotionalen Belastung würden Paare die neue Behandlung über sich ergehen lassen, um sich später nicht die Schuld geben zu können, dass sie nicht alles versucht hätten.[131]

Bei der Eizellspende kann die verwandtschaftliche Bindung zwischen Kind und Elternteil abgeschwächt sein, wenn nur noch der Mann mit dem Kind genetisch verwandt ist. Es kommt hierdurch zu einer asymmetrischen biologischen Beziehung der Eltern zum Kind. Gleiches stellt sich jedoch bei der heterologen Insemination mit Spendersamen dar. Es kommt zu einer doppelten Vater- oder Mutterschaft.[132] Vergleicht man die Samenspende mit der Eizellspende, könnte man annehmen, bei der Eizellspende wäre die Verbindung zu den Eltern, aufgrund der Verwendung des genetischen Samens des Mannes als auch der mütterlichen Nähe während der Schwangerschaft größer. Bei der Samenspende ist die Mutter zwar die leibliche, jedoch wird der Samen eines dritten verwendet. Inwieweit sich das auf das Kind auswirkt ist fraglich.

Nach Peuckerts internationaler Studienrecherche klären nur 9 - 23 % der Eltern ihre Kinder über Ihre Entstehung mittels der heterologen Samenspende auf. Nach seiner Recherche haben befragte, aufgeklärte Kinder kein Problem mit ihrer Zeugungsart.[133] Der BKiD hat hierzu Grundsätze rausgegeben.[134] Untersuchungen der Technikfolgen-Abschätzung des deutschen Bundestages erga-

---

[129] Wiesing, Ethik in der Medizin, Ein Studienbuch, S. 391.
[130] Joung, Moderne Reproduktionsmedizin als Erfüllungsgehilfin alter Wunschträume: Geschlechtsselektion in Südkorea, S. 253;
Peuckert, Familienformen im sozialen Wandel, S. 226.
[131] Peuckert, Familienformen im sozialen Wandel, S. 226.
[132] Peuckert, Familienformen im sozialen Wandel, S. 226 f..
[133] Peuckert, Familienformen im sozialen Wandel, S. 226 f..
[134] Klenke-Lüders/Thorn, Alternative Perspektiven zum leibliche Kind - Welche Möglichkeiten passen zu uns?, S. 197 f..

ben eine unauffällige psychosoziale Entwicklung des Kindes als auch eine stabile Eltern-Kind Bindung nach der Samenspende, jedoch wird die geringe Anzahl publizierter Studien bemängelt.[135] Um eine Evidenz basierte Aussage zum Kindswohl nach einer Samen- oder Eizellspende treffen zu können, bedarf es einer systematischen Übersichtsarbeit. Insbesondere könnte hierdurch geprüft werden, ob das ESchG weiterhin haltbar ist.

Was aber sollen Paare unternehmen, wenn sie aufgrund genetischer Erkrankungen, keiner ovariellen Reserven, schlechter Eizellqualität oder mehrfacher erfolgloser reproduktionsmedizinscher Maßnahmen in Deutschland keine Möglichkeiten mehr sehen? Aufgrund einer heterologen Regelung der Eizellspende verschiedenster Länder weichen Paare ins Ausland aus.[136] In vielen Ländern gibt es unterschiedliche Modelle bei der Suche nach der Spenderin sowie dessen Umgang mit der Anonymität.[137] Nachfolgend soll ein kleiner Exkurs zum Thema Eizelltourismus gegeben werden.

Exkurs: Eizelltourismus

Begibt sich ein Paar ins Ausland, um sich einer reproduktionsmedizinscher Maßnahme zu unterziehen, spricht man von "Reproduktionstourismus" oder im englischsprachigen Raum von "Cross-Border Reproductive Care".[138] Die Aktualität der Thematik wird mit dem Urteil vom 8. Oktober 2015 deutlich. Ein Beklagter in Tschechien am Institut für Reproduktionsmedizin und Endokrinologie tätiger Arzt warb 2008 damit, dass Vorbehandlungen von Eizellspenderinnen und Eizellempfängerinnen in Deutschland von Ärzten vorgenommen werden können. Ein deutscher Arzt klagte auf Unterlassung der Werbung, da diese gegen das ESchG verstoße. Das ESchG dient laut BGH Urteil dem Kindswohl und hat weder einen wettbewerblichen Schutzzweck, noch regele es den Wettbewerb

---

[135] Revermann/Hüsing, Fortpflanzungsmedizin- Rahmenbedingungen, wissenschaftlich-technische Entwicklungen und Folgen, S. 164.

[136] Depenbusch/Schultze-Mosgau, Eizell- und Embryonenspende, S. 290; Krüssel/Hess/Baston-Büst, Rechtliche Aspekte der Kinderwunschbehandlung aus gynäkologisch-reproduktionsmedizinischer Sicht, S. 317.

[137] Schröder/Soyke, Ethische und rechtliche Fragen am Beginn des menschlichen Lebens, S. 118.

[138] Shenfield et al., Cross border reproductive care in six European countries, 1 (1); Thorn, Reproduktives Reisen, S. 5.

der Ärzte, welche eine Kinderwunschbehandlung durchführen. Hiermit ist die Werbung der Eizellspende zulässig.[139]

Bezüglich der Inanspruchnahme der Eizellspende im Ausland erfolgten Behandlungen liegt kein zuverlässiges Datenmaterial vor.[140] Bereits das im Januar 2009 in Ottawa stattgefundene Forum zum Thema "Cross-Border Reproductive Care" setze sich zum Ziel eine bessere Datenerhebung bezüglich reproduktiven Reisens zu erheben.[141] Nach Hochrechnungen auf der Grundlage einer von der ESHRE durchgeführten Pilotstudie, geht Revermann und Hüsing von jährlich 3.300 bis 4.200 reproduktionsmedizinischer Behandlungszyklen Deutscher im Ausland aus.[142] In der Studie wurden 177 deutsche Teilnehmer befragt, welche sich in einem der 6 untersuchten europäischen Länder einer reproduktionsmedizinischen Maßnahme unterzogen (Belgien, Tschechien, Dänemark, Schweiz, Slowenien und Spanien). Die meist genutzte Behandlungsweise stellte mit 44,6 % die Eizellspende und mit 6,2 % die Embryonenspende dar.[143] Setzt man beide Daten ins Verhältnis würde dies für die 6 untersuchten europäischen Länder eine jährliche Inanspruchnahme der Eizellspende von 1.472 bis 1.873 Fällen bedeuten. Da sich Tschechien als auch Spanien als am meisten genutztes Ziel der Deutschen erwies[144], könnten diese Berechnungen als Grundlage für mögliche finanzielle Belastungen der GKV dienen. Selbstverständlich müssten hierzu weitere reproduktionsmedizinische Maßnahmen mittels der Eizellspende in nicht untersuchten Ländern hinzu addiert werden.

---

[139] BGH Pressemitteilung, Urteil vom 8.10.2015, I ZR 225/13.

[140] Revermann/Hüsing, Fortpflanzungsmedizin- Rahmenbedingungen, wissenschaftlich-technische Entwicklungen und Folgen, S. 168;
Thorn, Reproduktives Reisen, S. 11.

[141] Thorn, Reproduktives Reisen, S. 11;
Thorn/Wischmann, Journal für Reproduktionsmedizin und Endokrinologie-Journal of Reproductive Medicine and Endocrinology, 2010, 394 (395).

[142] Revermann/Hüsing, Fortpflanzungsmedizin- Rahmenbedingungen, wissenschaftlich-technische Entwicklungen und Folgen, S. 169; Shenfield et al., Cross border reproductive care in six European countries, 1 - 8;
Thorn/Wischmann, Journal für Reproduktionsmedizin und Endokrinologie-Journal of Reproductive Medicine and Endocrinology, 2010, 394 (395).

[143] Shenfield et al., Cross border reproductive care in six European countries, 1 (5).

[144] Revermann/Hüsing, Fortpflanzungsmedizin- Rahmenbedingungen, wissenschaftlich-technische Entwicklungen und Folgen, S. 168;
Shenfield et al., Cross border reproductive care in six European countries, 1 (3);
Thorn/Wischmann, Journal für Reproduktionsmedizin und Endokrinologie-Journal of Reproductive Medicine and Endocrinology, 2010, 394 (395).

Die Gründe für den Reproduktionstourismus sind vielschichtig. Rechtsgründe werden von 80,2 % angegeben.[145] Weitere Gründe sind: allein lebende Frauen, die Wahrung der Anonymität zur Geheimhaltung der Maßnahme, finanzielle Gründe und auch die etwaige Anonymität des Spenders oder der Spenderin.[146] Problematisch stellen sich die unterschiedlichen Bestimmungen bezüglich der Elternschaft dar. Betroffene müssen sich vorab über diese im Zielland informieren. Nach deutschem Recht gemäß § 1591 BGB ist Mutter eines Kindes, welche es geboren hat. Vater eines Kindes definiert § 1592 BGB den Mann, welcher zum Zeitpunkt der Geburt mit der Mutter verheiratet ist, der die Vaterschaft anerkannt hat oder deren Verwandtschaft gerichtlich fest gestellt worden ist.[147] Um eine Rückverfolgung der genetischen Herkunft nachzuvollziehen, sind die europäisches Staaten zur Aufbewahrung von Spenderdaten von mindestens 30 Jahren gemäß Art. 8 Abs. 4 der europäischen Geweberichtlinie verpflichtet.[148] Da jedoch in einigen Ländern eine anonyme Eizellspende durchgeführt wird, haben die gezeugten Kinder keine Möglichkeit diese zu erfahren.[149] Bezugnehmend auf die heterologe Insemination mittels Samenspende in Deutschland stellt das BGH Urteil vom 28. Januar 2015 die Weichen für das Recht des Kindes auf Auskunftserteilung bezüglich seiner genetischen Abstammung. Hierbei überwiegt das Persönlichkeitsrecht gegenüber des informationellen Selbstbestimmungsrechtes des Samenspenders. Die Information über die genetische Herkunft kann dem Kind zur Entfaltung der freien Persönlichkeit dienen und von elementarer Bedeutung sein.[150] Kommt es nunmehr zu einer Legalisierung der Eizellspende, kann auch dieses Urteil auf diese abstrahiert werden.

---

[145] Shenfield et al., Cross border reproductive care in six European countries, 1 (4).

[146] Beratungsnetzwerk Kinderwunsch Deutschland, Leitlinien des BKiD "Psychosoziale Beratung für Frauen und Männer, die eine Kinderwunschbehandlung im Ausland beabsichtigen", S. 2.

[147] Beratungsnetzwerk Kinderwunsch Deutschland, Leitlinien des BKiD "Psychosoziale Beratung für Frauen und Männer, die eine Kinderwunschbehandlung im Ausland beabsichtigen", S. 7;
Thorn; Reproduktives Reisen, S. 31 f..

[148] Europäischen Parlament und Rat, Richtlinie 2004/23/EG, Zur Festlegung von Qualitäts- und Sicherheitsstandards für die Spende, Beschaffung, Testung, Verarbeitung, Konservierung, Lagerung und Verteilung von menschlichen Geweben und Zellen, S. 6.

[149] Revermann/Hüsing, Fortpflanzungsmedizin- Rahmenbedingungen, wissenschaftlichtechnische Entwicklungen und Folgen, S. 165.

[150] BGH, Urteil vom 28. Januar 2015, XII ZR 201/13, 3 (41, 54).

Wuncheltern beziehen ihre Informationen entsprechend der reproduktiven Behandlungsmöglichkeiten im Ausland hauptsächlich über das Internet (65 %), Ärzte (35,6 %), Freunde (11,9 %), Patientenorganisationen (4,0 %) und andere nicht näher bezeichnete Quellen.[151] Kritisiert wird hierbei das "Geschäft mit der Hoffnung".[152] Problematisch erscheinen Sprachbarrieren als auch eine genaue Aufklärung über Chancen und Risiken, um die Wuncheltern zu gleichgestellten Stakeholdern zu machen.[153] Im Internet erfahren Betroffene einen solidarischen Zusammenhalt, während sie aufgrund des Eizellspendenverbotes aber auch aufgrund der geringen Akzeptanz in Deutschland Angst haben, sich Fremden oder ihrem Gynäkologen anzuvertrauen. Durch die anschließende Geheimhaltung nach einer reproduktionsmedizinischen Behandlung im Ausland, kann eine entsprechende Überwachung mit möglichen Risiken nicht adäquat erfolgen.[154]

Wie sehen derzeit die Erwartungen der Betroffenen aus, welche auf die Eizellspende angewiesen sind?

Bevor überhaupt über eine Finanzierung der Eizellspende gesprochen werden kann, bedarf es einer gesetzlicher Zulässigkeit der Eizellspende. Mit dem Urteil vom 03.11.2011 stellte der EGMR fest, dass die Entscheidung, ob Keimzellen zur künstlichen Befruchtung verwendet werden dürfen oder nicht, den Staaten überlassen wird.[155] Dem deutschen Gesetzgeber wird diesbezüglich ein Gestaltungsspielraum eingeräumt. Die Einschränkung von Freiheitsrechten müssen durch Schutzpflichten gerechtfertigt werden. Hier weist Deutschland einen Nachholbedarf auf, da seit dem Inkrafttreten des ESchG keine Revision bezüglich sozialer, technischer und wissenschaftlicher Entwicklungen stattfand. Aufgrund dessen kommt es zu einem "foreign shopping" im Ausland sowie einer damit einhergehenden Verarmung der Diskussion im eigenen Land.[156]

---

[151] Shenfield et al., Cross border reproductive care in six European countries, 1 (4).
[152] Thorn/Wischmann, Journal für Reproduktionsmedizin und Endokrinologie-Journal of Reproductive Medicine and Endocrinology, 2010, 394 (396).
[153] Thorn, Reproduktives Reisen, S. 7.
[154] Depenbusch/Schultze-Mosgau, Eizell- und Embryonenspende, S. 289.
[155] EGMR, Urteil vom 03.11.2011, 57813/00.
[156] Kersten, Rechtliche Herausforderungen der Gameten- und Embryonenspende sowie der Leihmutterschaft, S. 121;
Gassner et al. Fortpflanzungsmedizingesetz Augsburg-Münchner-Entwurf, S. 21.

Mediziner und Gesundheitsrechtler haben einen Gesetzesentwurf für ein Fortpflanzungsmedizingesetz vorgelegt, das sogenannte Fortpflanzungsmedizingesetz - Augsburg-Münchner-Entwurf (AME-FMedG). Durch diesen soll Deutschland ebenfalls auf einen modernen Stand wie Österreich und die Schweiz gebracht werden.[157] Nicht nur für Paare, sondern auch für gleichgeschlechtliche Partnerschaften sowie allein Lebende wäre nach § 6 AME-FMedG die Eizellspende rechtlich möglich.[158] Desweiteren beschäftigt sich der Entwurf mit weiteren Neuregelungen der Fortpflanzungsmedizin wie beispielsweise der Samenspende oder dem Embryonentransfer. Im Konkreten wäre hier der Embryonentransfer unter bestimmten Voraussetzungen zulässig.[159] Im jetzigen Koalitionsvertrag ist jedoch kein Wille bezüglich der Verabschiedung eines Fortpflanzungsmedizingesetz erkennbar. Daher werden wissenschaftliche Vorschläge nicht vor 2017 umgesetzt.[160]

II. Vergleichbarkeit mit anderen assistierten Reproduktionsmöglichkeiten und Spenden

Im Gegensatz zu herkömmlichen Reproduktionstechniken, wie die Insemination, GIFT, IVF oder ICSI ist man bei der Eizellspende auf eine dritte Person, welche die Eizelle spendet, angewiesen. Um diese zu erhalten, muss sich die Spenderin einer ovariellen Stimulationsbehandlung als auch einer Follikelpunktion unterziehen. Möglich wäre ebenfalls eine Spende der Eizelle einer Frau, welche sich selbst in einer IVF Behandlung befindet und überzählige Eizellen aufweist ("egg sharing").[161] Daraus resultierend ergeben sich besondere Risiken für die Spenderin.

---

[157] Deutsches Ärzteblatt, Augsburger und Münchener Juristen: Entwurf für ein Fortpflanzungsmedizingesetz; Prem/Michaelis, Ein Entwurf für ein zeitgemäßes Fortpflanzungsmedizingesetz.

[158] Gassner et al., Fortpflanzungsmedizingesetz Augsburg-Münchner-Entwurf (AME-FMedG), S. 58.

[159] Gassner et al., Fortpflanzungsmedizingesetz Augsburg-Münchner-Entwurf (AME-FMedG), S. 55 ff.

[160] Deutsches IVF Register, Reproduktionsmedizin und Endokrinologie, 2014, 1 (6).

[161] Depenbusch/Schultze-Mosgau, Eizell- und Embryospende, S. 288.

Durch die hormonelle Stimulation der Eierstöcke kann es zu einem Überstimulationssyndrom der Eierstöcke, kurz OHSS, kommen.[162] Es stellt die häufigste Todesursache bei der assistierten Reproduktion dar. Aufgrund der Erhöhung der Durchlässigkeit der Kapillaren kommt es zu einem erhöhten Flüssigkeitsverlust. Symptomatisch tritt es nach 4 - 9 Tagen nach der Follikelpunktion auf und äußert sich durch einen geblähten Bauch und starke Schmerzen. Weiterhin können Durst, ein trockener Mund sowie ein Wechsel zwischen Diarrhö und Obstipation auftreten. In schweren Fällen kann es zu einer Aszitis, einem Pleura- und Perikarderguss kommen. Tritt eine Thrombose, Embolie oder ein Volumenmangelschock mit multiplem Organversagen auf, kann das OHHS tödlich verlaufen.[163] Gemäß Hess et al. gibt die WHO eine Inzidenz des OHHS von 0,2 - 1 % mit einer Mortalitätsrate von 1 : 45.000 - 1 : 50.000 (0,0022 - 0,002 %) aller Zyklen der assistierten Reproduktion an.[164] Ebenfalls decken sich diese Angaben mit dem Jahrbuch 2013 des deutschen IVF Registers. Bei insgesamt 49.307 Stimulationen traten bei 125 (0,25 %) Frauen das Überstimulationssyndrom auf.[165] Deckungsungleich erscheint bei Ludwig und Ludwig eine Inzidenz von 0,5 - 5 %. Neben den OHHS kann es mit einem 0,02 - 0,2% igen Risiko zu einer Drehung der Eileiter und Eierstöcke kommen.[166]

Ferner können Komplikationen bei der Eizellentnahme auftreten. Zur Gewinnung der Eizellen stehen mehrere Methoden zur Verfügung, wobei sich die transvaginale Follikelpunktion etabliert hat. 1968 wurde von Patrick Steptoe über die laparoskopisch durchgeführte Follikelpunktion berichtet. Alternativ kam eine transabdominal-transvesikale Eizellgewinnung, welche schmerzhaft und ein höheres Verletzungs- als auch Infektionsrisiko mit sich trug, zum Einsatz. Später kamen transabdominal-transvaginale und transabdominal-periurethrale Techniken zur Follikelpunktion zum Einsatz. Heute greift man nicht mehr darauf zurück und nutzt die Kenntnisse von Wikland et al. aus dem Jahre 1985 um

---

[162] Dittrich/Lotz/Schneider/Hoffmann/Beckmann, Aktuelle Methoden und Herausforderungen in der Reproduktionsmedizin, S. 29.
[163] Kiechle, Repetitorium Gynäkologie und Geburtshilfe, S. 75.
[164] Hess/Krüssel/Baston-Büst, Ovarielles Überstimulationssyndrom, S. 318.
[165] Deutsches IVF Register, Reproduktionsmedizin und Endokrinologie, 2014, 1 (35).
[166] Ludwig/Ludwig, Direkte Komplikationen der Behandlungsmethoden, S. 306.

eine transvaginale Follikelpunktion durchzuführen.[167] Sie weist eine einfachere Durchführung sowie eine geringere Komplikationsrate als die laparoskopische Follikelpunktion auf.[168] Hierbei wird ein Ultraschallkopf in die Vagina eingeführt und der Follikel auf einem Bildschirm sichtbar gemacht. Unter dem Monitoring wird eine Nadel eingeführt und der Follikel punktiert und abgesaugt.[169]

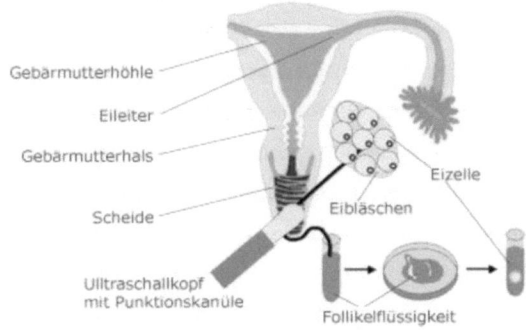

Schema der Follikelpunktion
Quelle: Fertility Center Hamburg GmbH[170]

Dies kann im Gegensatz zur laparoskopischen Durchführung ohne Narkose erfolgen.[171] Allgemein wird jedoch in Deutschland nach Ludwig eine leichte Sedierung bis hin zur Vollnarkose verabreicht. Auf diese als auch die Applikation von Analgetika kann jedoch auf Wunsch der Patienten verzichtet werden.[172] Die Durchführung erfolgt ambulant.[173] Folglich ist daraus zu schließen, dass sich Komplikationen als auch Eingriffe unter Narkose verringerten.

Nach den Angaben des deutschen IVF Register beträgt die Komplikationsrate bezüglich der Eizellentnahme im Behandlungsjahr 2013 0,9 %. Dies entspricht einer Komplikationsrate von 420 : 46.898. Hierbei traten am häufigsten vaginale Blutungen (55,71 %), gefolgt von intraabdominalen Blutungen (24,76 %) und eine operative notwendige Versorgung (8,33 %) auf. Sehr geringe Prozentsätze stel-

---

[167] Ludwig, Follikelpunktion und Eizellgewinnung, S. 210.
[168] Ludwig/Ludwig, Direkte Komplikationen der Behandlungsmethoden, S. 306.
[169] Ludwig, Follikelpunktion und Eizellgewinnung, S. 211.
[170] Fertility Center Hamburg GmbH, Schema der Follikelpunktion.
[171] May, Rechtliche Grenzen der Fortpflanzungsmedizin, S. 19.
[172] Ludwig, Follikelpunktion und Eizellgewinnung, S. 210.
[173] Schleising, Ethik und Recht in der Fortpflanzungsmedizin, Herausforderungen, Diskussionen, Perspektiven, S. 23.

len eine stationäre Behandlung (5 %), eine Darmverletzung (0,48 %), eine Peritonitis (0,24 %) und sonstige Komplikationen (5,48 %) dar.[174] In Bezug auf Narkoserisiken kann nur auf eine geringe prospektive Datenlage zugrückgegriffen werden. Diese ergaben bis auf einen Fallbericht, bei der eine Bradypnoe auftrat, keine Komplikationen durch die Narkose. Desgleichen wird in Fallberichten, nicht jedoch in Studien, über Verletzungen des Ureters, Appendix oder ein Pseduoaneurysma der inneren Beckenarterie berichtet.[175] Auch Schmerzen nach der Eizellpunktion sollten nicht außer Acht gelassen werden. Zwar tolerieren Patientinnen diese gut, jedoch können vereinzelt mittlere bis starke Schmerzen auftreten, was eine Erhebung von Ludwig et al. bei Befragungen von 1.058 Patientinnen ergab. Sie stiegen signifikant an, umso mehr Eizellen entnommen wurden.[176] Um die Schmerzen bei einer Spenderin zu minimieren, müsste demzufolge auf die Anzahl der entnommenen Eizellen geachtet werden.

Dieselben Komplikationen können bei der Eizellentnahme bei Frauen auftreten, die sich einer anderweitigen Reproduktionstechnik bedienen, jedoch ihre eigenen Eizellen nutzen oder überzählige Eizellen nach einer in-vitro Fertilisation spenden und nicht auf eine Eizellspende angewiesen sind oder Spenderinnen, die sich selbst keiner reproduktionstechnischen Behandlung unterziehen. Unterscheidend ist die Frage, ob der ärztliche Eingriff als ein Heileingriff verstanden werden kann. Der Embryonentransfer bei der Empfängerin wird im weiten Sinne als eine "Befreiung vom Leid der Kinderlosigkeit als Krankheit verstanden". Eine Eizellspenderin wird nicht geheilt, da Sie sich selbst keiner reproduktionstechnischer Maßnahme bedient. Somit stellt die Follikelpunktion eine vorsätzliche Körperverletzung gemäß § 223 StGB dar.[177] Diese ist jedoch zulässig, wenn eine Einwilligung gemäß § 228 StGB erfolgt. Hierzu hat die Eizellspenderin ein freies Selbstbestimmungsrecht, wobei die Grundvoraussetzung einen informed consent insbesondere über die Risiken aufweisen soll.[178] Zu hinterfragen wäre jedoch bei einer Zustimmung der Follikelpunktion die freie Ent-

---

[174] Deutsches IVF Register, Reproduktionsmedizin und Endokrinologie, 2014, 1 (34).
[175] Ludwig/Ludwig, Direkte Komplikationen der Behandlungsmethoden, S. 307.
[176] Ludwig/Ludwig, Direkte Komplikationen der Behandlungsmethoden, S. 312.
[177] Selb, Rechtsordnung und künstliche Reproduktion des Menschen, S. 69 – 70.
[178] Schleising, Ethik und Recht in der Fortpflanzungsmedizin, Herausforderungen, Diskussionen, Perspektiven, S. 30.

scheidung der Eizellspenderin, wenn diese ökonomische Anreize bietet. Demzufolge wäre ein Kommerzialisierungsverbot erforderlich.[179] Bereits berücksichtigt hat dies § 6 Abs. 6 AME-FMedG. Hierin darf das Zurverfügungstellen von gespendeten Eizellen für reproduktionsmedizinische Zwecke kein Gegenstand eines entgeltlichen Rechtsgeschäftes sein, lediglich kann der Spenderin eine Aufwandsentschädigung durch das zugelassene Zentrum gezahlt werden, welches durch die Fortpflanzungsmedizin-Kommission festgelegt werden soll.[180] Stellt man die Eizellspende der Samenspende gegenüber ist das Risiko des Samenspenders geringer, da die Samengewinnung mittels Masturbation erfolgt. Es erfolgt keine hormonelle Stimulation oder ein invasiver Eingriff, der die soeben genannten Komplikationen in sich birgt.[181] Darüber hinaus haben Frauen, wenn auch eine Menge, jedoch begrenzte Anzahl von Eizellen, während Sperma erneuerbar ist.[182]

Zudem kann man die Eizellspende mit der Organ- und Gewebespende vergleichen. Am Geeignetsten erscheint hierbei die Lebendspende wie beispielsweise die Nierenspende, die Stammzellspende als auch die Blutspende. Der gravierendste Unterschied zur Eizellspende ist das Ziel eine Krankheit zu heilen (Bsp. Blutkrebs)[183] oder bei der Organspende, dem Slogan der BzGA nach, das Leben zu schenken.[184] Hierbei ist darauf hinzuweisen, dass die Lebendorganspende subsidiär der postmortalen Organspende gemäß § 8 Abs. 1 Nr. 3 TPG ist,[185] während reproduktionstechnische Verfahren die Zeugungs- und Empfängnisfähigkeit überbrücken.[186]

---

[179] Schleising, Ethik und Recht in der Fortpflanzungsmedizin, Herausforderungen, Diskussionen, Perspektiven, S. 30.

[180] Gassner et al., Fortpflanzungsmedizingesetz Augsburg-Münchner-Entwurf (AME-FMedG), S. 58 – 59.

[181] Hieb, Die gespaltene Mutterschaft im Spiegel des deutschen Verfassungsrecht, S. 6; Schleissing, Ethik und Recht in der Fortpflanzungsmedizin, Herausforderungen, Diskussionen, Perspektiven, S. 59.

[182] Jackson, Regulating Reproduction, Law, Technology and Autonomy, S. 165 – 167.

[183] DKMS, Grundlegende Informationen.

[184] BzGA, Der Organspendeausweis.

[185] Fateh-Moghadam, Die Einwilligung der Lebendorganspende, Die Entfaltung des Paternalismusproblems im Horizont differenter Rechtsordnungen am Beispiel Deutschland und England, S. 237.

[186] Berchtold/Huster/Rehborn, Nomos Kommentar, Gesundheitsrecht SGB V/SGB XI, § 27a SGB V, Rdnr. 4 – 6.

Bei allen Eingriffen kommt es bei dem Spender oder der Spenderin zu einem Eingriff in seine körperliche Integrität.[187] Ohne eine Einwilligung stellt dies, ebenfalls wie bei der Eizellspende, eine Körperverletzung dar. Die Patientenaufklärung dient hierbei als Grundlage der autonomen Willensentscheidung.[188] Eine Übertragung von Organen von lebenden Spendern ist dabei nur zulässig auf bestimmte nahestehende Empfänger (§ 8 Abs.1 S. 2 TPG), während bei der Blutspende keine Angaben zum Verwandtschaftsverhältnis getroffen werden. Aufgrund der Verbundenheit des Organspenders zum Empfänger können äußere Zwänge aus der eigenen Familie wie Schuldgefühle oder auch gesellschaftliche Normen entstehen. Ebenso entsteht Druck durch den Organmangel. Die Lebendspendekommission als auch beratende Ärzte können dies besonders hinterfragen.[189] Um eine autonome Selbstbestimmung zu wahren, sollte demzufolge das Mitbringen der eigenen Eizellspenderin in Deutschland hinterfragt werden.

Bei allen aufgezeigten Spenden bedarf es eines invasiven Eingriffs. Je nach benötigten Organen, Geweben oder Blutbestandteilen bedarf es verschiedenster Gewinnungsmethoden mit unterschiedlichsten Risiken. Der Spender darf nicht über das Operationsrisiko hinaus gefährdet oder über unmittelbare Folgen der Entnahme hinaus gesundheitlich schwer beeinträchtigt werden.[190]
Die Entnahme einer Niere erfolgt extraperitoneal mit einem Flankenschnitt unter Vollnarkose. Die Niere wird aus ihrer Fettkapsel herausgelöst und Harnleiter und Gefäße werden präpariert. Aufgrund der anatomischen Lage werden häufig Wundspreizer verwendet, was postoperativ oftmals zu hohen Schmerzen führt. Anschließend wird das entnommene Organ mittels bestimmter Maßnahmen vorbereitet. In einigen Transplantationszentren kann die Entnahme minimalinvasiv (laparoskopisch) erfolgen, so dass die Schmerzen als auch die Gefahr einer Wundinfektion minimiert werden können. Für die Entnahme der Niere ist

---

[187] Teubner, Aufgaben und Umfang der Tätigkeit der Lebendspendekommission nach § 8 Abs. 3 TPG, S. 85.

[188] Fateh-Moghadam, Die Einwilligung der Lebendorganspende, Die Entfaltung des Paternalismusproblems im Horizont differenter Rechtsordnungen am Beispiel Deutschland und England, S. 36.

[189] Teubner, Aufgaben und Umfang der Tätigkeit der Lebendspendekommission nach § 8 Abs. 3 TPG, S. 85 f..

[190] Fateh-Moghadam, Die Einwilligung der Lebendorganspende, Die Entfaltung des Paternalismusproblems im Horizont differenter Rechtsordnungen am Beispiel Deutschland und England, S. 234.

ein 7 - 10 tägiger Krankenhausaufenthalt nötig. Nach 1 - 3 Monaten ist der Spender wieder arbeitsfähig.[191]

Die Mortalitätsrate bei der Nierenentnahme beträgt 0,03 %.[192] Eine Komplikationsrate von bis zu 20 % der Operierten können auftreten. Beispiele hierfür sind Nachblutungen, Harnwegsinfekt, Wundheilungsstörungen, Schmerzen, Pneumothorax bis hin zur Lungenembolie.[193] Mit einem 20% igen Risiko kann bei einen Nierenspender ein Hypertonus auftreten.[194]

Ebenfalls kann man die Eizellspende mit der Stammzelltransplantation vergleichen. Die Entnahme erfolgt heutzutage meist direkt aus der Blutbahn. Hierzu bekommt der Spender vorab Wachstumsfaktoren um die Stammzellbildung zu erhöhen, so dass diese in die Blutbahn übergehen. Der Spender oder die Spenderin bekommt 2 venöse Zugänge gelegt. Aus einem wird das Blut heraus geleitet, anschließend werden die Stammzellen herausgelöst und über den zweiten Zugang fließt das Blut wieder zurück. Eine Knochenmarkpunktion unter Vollnarkose kommt nur noch selten zur Anwendung, so dass die Risiken minimiert werden konnten.[195] Hierbei kommt es zu allgemeinen Narkose- und Infektionsrisiken als auch zu Wundschmerzen. Durch die neuere Methode der peripheren Blutstammzellspende können aufgrund der Gabe von Wachstumsfaktoren grippeähnliche Symptome wie Kopf- und Gliederschmerzen auftreten.[196]

Dahingegen wird bei der Blutspende bei einem Spender oder einer Spenderin eine Vene, meist in der Ellenbeuge, punktiert und Blut entnommen.[197] Durch den Blutverlust können Schwindel bis hin zum Kollaps auftreten. Der Blutverlust gleicht sich in der Regel innerhalb weniger Tagen oder Wochen wieder aus. Gelegentlich kommt es zu Nachblutungen an der Punktionsstelle, einem Bluterguss oder einer Nervenirritation. Selten tritt eine Thrombose oder eine schmerzhafte Nervenverletzungen mit Missempfindungen auf.[198]

---

[191] Stiftung Lebendspende, Nierenentnahme beim Lebendspender.
[192] Schroth, Fragwürdiger Paternalismus bei der Organlebendspende, S. 118.
[193] Stiftung Lebendspende, Die Lebendspende. Risiken des Spenders.
[194] Schroth, Fragwürdiger Paternalismus bei der Organlebendspende, S. 118.
[195] BZgA, Die Stammzellspende.
[196] Stiftung Knochenmark- & Stammzellspende Deutschland, Risiken einer Spende.
[197] Haema Blutspendedienst, Blut- und Plasmaspende, Prinzipieller Ablauf einer Spende.
[198] Östereichisches Rotes Kreuz, Risiken einer Blutspende.

Im Vergleich zu anderen Reproduktionsmöglichkeiten sind bei der Eizellspende dritte Personen Risiken ausgesetzt. Nutz man dahingegen überzählige Eizellen einer Frau, die sich selbst einer in-vitro- Fertilisation unterzieht, bleibt zwar das Risiko bestehen, jedoch nimmt sie dieses selbst für ihre Behandlung in Kauf. Demgegenüber steht eine zunehmende Schmerzintensität bei einer höheren Entnahme von Eizellen.[199] Eine Kommerzialisierung durch Entgeldzahlungen sollte daher verboten werden. Weiterhin konnten die Risiken aufgrund neuerer Punktionstechniken minimiert werden. Betrachtet man dahingegen die Nierenspende, ist hierbei das Komplikationsrisiko deutlich erhöht (0,9 % Eizellspende[200]/ 20 % Nierenspende[201]). Auch die Stammzellspende und Blutspende bergen Risiken in sich, wobei es schlimmstenfalls bei jeder invasiven Methode zu einer Lungenembolie kommen kann. Je invasiver der Eingriff, desto höher erscheint das Risiko einer Komplikation. Weiterhin kann das Ziel einer Nierenspende ein Leben zu retten höher erachtet werden als bei der Eizellspende. Da allerdings § 8 Abs. 1 Nr. 1c TPG keine Risiko-Nutzen Abwägung verlangt, ist das Spenderrisiko von den erwartenden Nutzen des Empfängers unabhängig.[202] Somit könnte man hinterfragen, warum eine Nierenspende mit höherem Risiko erlaubt und finanziert wird und eine Eizellspende nicht.

III. Fallzahlen und Kostenbetrachtung

In Deutschland werden seit 1982 statistische Daten von Reproduktionstechniken gesammelt. Das deutsche In-Vitro-Fertilisations-Register, kurz DIR genannt, welches sich aus mehreren Fachgesellschaften zusammen setzt, sammelt seither insbesondere zur Qualitätssicherung Daten und erstellt jährlich ein Jahrbuch.[203] Die folgende Tabelle zeigt die Summen der Frischzyklen im Jahr 2013, die Anzahl verwendeter Methoden, die klinischen Schwangerschaften pro Embryonentransfer als auch die Anzahl der Geburten. Hierbei wird eine häufi-

---

[199] Ludwig/Ludwig, Direkte Komplikationen der Behandlungsmethoden, S. 312.

[200] Deutsches IVF Register, Reproduktionsmedizin und Endokrinologie, 2014, 1 (34).

[201] Stiftung Lebendspende, Die Lebendspende. Risiken des Spenders.

[202] Fateh-Moghadam, Die Einwilligung der Lebendorganspende, Die Entfaltung des Paternalismusproblems im Horizont differenter Rechtsordnungen am Beispiel Deutschland und England, S. 234.

[203] Revermann/Hüsing, Fortpflanzungsmedizin- Rahmenbedingungen, wissenschaftlich-technische Entwicklungen und Folgen, S. 208 f..

gere Anwendung der ISCI Methode gegenüber der IVF ersichtlich. Darüber hinaus ist die Schwangerschaftsrate mittels der Kryokonservierung (22,19 %) gegenüber der IFV (32,76 %) und der ICSI (29,96 %) deutlich verringert, wobei sich die Geburtenrate aller ähnelt.[204]

Tbl. 1: Angewandte Reproduktionstechniken und ihre Erfolgsquoten

	Erfasste Frischzyklen 2013 54.237 (100 %)			
Reproduktionstechnik/ Embryonentransfer	IVF 12.156 (22,4 %)	ICSI 40.952 (75,51 %)	IVF/ICSI 1.129 (2,08 %)	Kryoauftau durchgeführt 20.365
Klinische Schwangerschaft/ Embryonentransfer	3.478 (32,76 %)	10.917 (29,96 %)	358 (37,10 %)	4.329 (22,19 %)
Geburt (Zwillinge und Drillinge inbegriffen)	1.524 (43,82 %)	4.962 (45,45 %)	169 (47,21 %)	1.927 (44,51 %)

Quelle: angelehnt an das deutsches IVF Register, Jahrbuch 2013, S. 12

Europäische Daten weisen ähnliche Zahlen auf. Darüber hinaus wird hier über eine Schwangerschaftsrate nach einer Eizellspende von 43,5 % im Jahre 2006 gesprochen.[205] Andere Organisationen gehen von einer Schwangerschaftsrate zwischen 30 % (Human Fertilisation and Embryology Authority) und 48 % (American Society for Reproductive Medicine/ Society for assited reproductive Technologies) aus, wobei hingegen die hohen Schwangerschaftsraten durch eine höhere Anzahl von transferierten Embryonen in Amerika bedingt sein können.[206] Aufgrund des Verbotes der Eizellspende in Deutschland können im deutschen IVF Register keine Vergleichsdaten herangezogen werden.[207] Durch die unterschiedliche Datenlage scheint die Schwangerschaftserfolgsrate min-

---

[204] Deutsches IVF Register, Reproduktionsmedizin und Endokrinologie, 2014, 1 (12).
[205] Revermann/Hüsing, Fortpflanzungsmedizin - Rahmenbedingungen, wissenschaftlich-technische Entwicklungen und Folgen, S. 69.
[206] Depenbusch/Schultze-Mosgau, Eizell- und Embryonenspende, S. 288.
[207] Revermann/Hüsing, Fortpflanzungsmedizin - Rahmenbedingungen, wissenschaftlich-technische Entwicklungen und Folgen, S. 79.

destens, wenn nicht sogar höher zu erscheinen, als bei der IVF oder ICSI. Die Schwangerschaftsrate bei der intrauterinen Insemination schwankt zwischen 5 - 10 %.[208]

Im europäischen Raum wurde in 21 Länder auf die Eizellspende zurück gegriffen. Europaweit lag die Behandlung mit Spendereizellen bei 3,3 % im Jahr 2005. Ein Grund für diese unterschiedlichen Zahlen kann die heterologe Gesetzgebung bezüglich der Eizellspende in Europa sein. Ebenso werden in den USA bei Frauen über das 42. Lebensjahr hinaus mehr Fremdeizellen anstelle von eigenen Eizellen genutzt.[209] Folglich hält sich die Zahl der Frauen, welche auf eine Eizellspende, im Gegensatz zu anderen Reproduktionstechniken, angewiesen sind, gering. Setzt man die im DIR 84.051 erfassten Zyklen der Deutschen aus dem Jahre 2013[210] ins Verhältnis mit 3,3 % oder 12,2 %[211], hieße das eine Inanspruchnahme der Eizellspende für Deutschland von 2.774 - 10.255 Zyklen. Insgesamt würden sich für alle reproduktionstechnischen Verfahren 86.825 - 94.306 (100 %) Zyklen ergeben. Revermann und Hüsing gehen nach Hochrechnungen von 3.300 - 4.200 Behandlungen mit Spendereizellen Deutscher aus.[212] Es müssen Behandlungszyklen durch eine vermutliche Steigerung der Inanspruchnahme aufgrund einer Legalisierung und Enttabuisierung der Eizellspende hinzu addiert werden. Nutzt man die Altersbeschränkung des § 27a Abs. 3 S. 1 SGB V von 40 Jahren würde sich eine niedrigere Rate als in den USA zur Finanzierung ergeben.

Die Gebührenordnung der Ärzte (GOÄ) findet in Deutschland bei Reproduktionstechniken keine Anwendung.[213] Demnach werden die Preise von der Klinik eigenständig erhoben, welche sich jedoch in etwa gleichen. Nach Heranziehung

---

[208] Dittrich/Lotz/Schneider/Hoffmann/Beckmann, Aktuelle Methoden und Herausforderungen in der Reproduktionsmedizin, S. 24.

[209] Revermann/Hüsing, Fortpflanzungsmedizin - Rahmenbedingungen, wissenschaftlich-technische Entwicklungen und Folgen, S. 67, 79.

[210] Deutsches IVF Register, Reproduktionsmedizin und Endokrinologie, 2014, 1 (12).

[211] Revermann/Hüsing, Fortpflanzungsmedizin - Rahmenbedingungen, wissenschaftlich-technische Entwicklungen und Folgen, S. 79.

[212] Revermann/Hüsing, Fortpflanzungsmedizin - Rahmenbedingungen, wissenschaftlich-technische Entwicklungen und Folgen, S. 79.

[213] BT-Drs. 15/1525, 83.

einer Preisliste eines Praxiszentrums in Rostock[214] und eines Fertility Centers in Hamburg[215] belaufen sich die Kosten mittels einer Insemination ohne Stimulation etwa auf 250 €, einer Insemination mit Stimulation auf 1.000 €, einer IFV auf 3.000 – 3.200 € und einer ICSI auf 3.600 – 3.800 €. Ebenfalls ergeben sich ähnliche Geldbeträge aus einer Berliner Praxis für Kinderwunschtherapie. Abhängig vom Medikamentenverbrauch entsteht hierbei bereits eine Summe von 100 – 2.500 €.[216] Für eine Spendersamenprobe für einen Behandlungsversuch werden in einer Erlangener Samenbank 500 € zzgl. 110 € Versand fällig.[217] Im Ausland belaufen sich Reproduktionstechniken mittels der Eizellspende in einer spanischen Klinik auf 1.035 €[218] und in Tschechien auf 1.300 € Mehrkosten.[219] Zuzügliche Behandlungskosten entstehen hierbei durch eine gynäkologische Untersuchung, Ultraschall, Besprechung der gesetzlichen Bestimmungen, Risiken, Ablauf und Dauer der Behandlung, Zuteilung der Spenderin und der Synchronisierung der Eizellspenderin und der -empfängerin.[220] Kosten der Follikelpunktion können nicht extra gerechnet werden, da diese auch bei einer IVF/ ICSI auftreten. Ein Vergleich zu Deutschland ist aufgrund des Eizellspendenverbotes nicht möglich.

---

[214] Külz/Grabow/Kruppa/Diwok, Praxiszentrum Frauenheilkunde Rostock, Patienteninfo-Reproduktionsmedizin. Behandlungsmöglichkeiten und Kosten.

[215] Fertility Center Hamburg GmbH, Ihr Weg zum eigenen Kind, Therapien: Insemination, IFV/ICSI (Kosten).

[216] Dakah/ Hoffmann, Praxis für Kinderwunschtherapie, Kosten.

[217] Erlanger Samenbank der ivf-Gesellschaft zur Förderung der Reproduktionsmedizin mbH, Kosten.

[218] Clinica Son Moix, Palma de Mallorca, Kinderwunsch, Kosten.

[219] Iscare IFV, Prag, Preisliste: Preisliste der Eizellspende "Pakete" vs. Preisliste der IFV-"Pakete".

[220] IVF Zentren Prof. Zech, Kinderwunschbehandlung mit Eizellspenden in Österreich, Ablauf für Eizellspenderin.

F Nötige Änderungen bei der Zustimmung der Finanzierung

Eine Legalisierung der Eizellspende ist die Voraussetzung für die Finanzierung dieser. Entscheidet sich das Parlament, welches die Aufgabe der Gesetzgebung hat[221], für eine Finanzierung der künstlichen Befruchtung unter Hinzunahme einer Eizellspende, kann auf bereits bestehende Regelungen zur künstlichen Befruchtung zurückgegriffen werden. Demzufolge bedarf es einer Änderung des § 27a Abs. 1 Nr. 4 SGB V, so dass ebenfalls eine Krankenbehandlung mittels Spendereizellen gewährleistet wird. Gemäß § 27a Abs. 4 SGB V bestimmt der Gemeinsame Bundesausschuss, kurz GBA, Richtlinien nach § 92 SGB V zu medizinischen Einzelheiten, zu Voraussetzungen, Art und Umfang der Maßnahmen, welche verbindlich sind (§ 91 Abs. 6 SGB V). Eine ausreichende, zweckmäßige und wirtschaftliche Versorgung ist zu prüfen. Hierbei kann er Leistungen einschränken oder ausschließen, wenn der therapeutische Nutzen, die medizinische Notwendigkeit oder die Wirtschaftlichkeit nicht nachgewiesen ist (§ 92 Abs. 1 S. 1 SGB V). Hierzu beauftragt der GBA das Institut für Qualität und Wirtschaftlichkeit im Gesundheitswesen, kurz IQWiG (§ 139b Abs. 1 S. 1 SGB V), welcher Arbeitsergebnisse als Empfehlungen an den GBA sendet, welche dieser zu berücksichtigen hat (§ 139b Abs. 4 S. 1 und 2 SGB V). Das IQWiG ermittelt die Bedeutung der Qualität und Wirtschaftlichkeit im Gesundheitswesen und dessen Träger (§ 139a Abs. 1 S. 1 SGB V). Über die künstliche Befruchtung gemäß § 92 Abs. 1 S. 2 Nr. 10 SGB V hat der GBA bereits Richtlinien erlassen.[222] Seine Aufgabe ist ebenfalls der Erlass von Richtlinien bei neuen Behandlungsmethoden, in diesem Fall der Eizellspende (§ 92 Abs. 1 S. 2 Nr. 5 SGB V). Diese dürfen nur der Krankenkasse zur Last gelegt werden, wenn der GBA über die im § 135 Abs. 1 S. 1 SGB V genannten Einzelheiten Empfehlungen abgegeben hat. Hierbei wird dem GBA eine gesetzliche Frist auferlegt (§ 135 Abs. 1 S. 4, 5 SGB V). Weist nach dem GBA die neue Behandlungsmethode Potenzial auf und ist ihr Nutzen noch nicht hinreichend belegt, kann er eine Richtlinie zur Erprobung beschließen. Näheres hierzu regelt der § 137e SGB V.

---

[221] Deutscher Bundestag, Die Gesetzgebung.
[222] GBA, Richtlinien des Bundesausschusses der Ärzte und Krankenkassen über ärztliche Maßnahmen zur künstlichen Befruchtung.

Bezugnehmend zur GBA-Richtlinie[223] zur künstlichen Befruchtung müssten verschiedenste Punkte abgeändert oder ergänzt werden. Bei den Leistungsvoraussetzungen müsste die Gewährung der Eizellspende aufgenommen, die zuständige Krankenkasse für entstandene Kosten auf Seiten der Empfängerin benannt, eine hinreichende Erfolgsaussicht definiert sowie eine Regelung zum Methodenwechsel aufgestellt werden. Darüber hinaus muss die künstliche Befruchtung mittels Eizellspende unter Punkt 10 zu den Methoden aufgenommen und medizinische Indikatoren unter Punkt 11 benannt werden. Abschließend müsste der Umfang einzelner Maßnahmen bei der Eizellspende als auch die Beratung der Spenderin in die Richtlinie aufgenommen werden.

Bereits bestehende Leistungsvoraussetzungen des § 27a SGB V sollten im Zuge einer Debatte bzw. eines Gesetzesentwurfs, wie der zur Gleichstellung verheirateter, verpartnerter und auf Dauer in einer Lebensgemeinschaft lebender Paare, weiter diskutiert werden.[224] Zudem würde eine Legalisierung der Eizellspende mit verschiedensten Überlegungen zu Gesetzesänderungen einher gehen, bspw. das Familien- und Erbrecht, die Definition wer die Mutter ist, aber auch die (Muster-) Richtlinie der Bundesärztekammer zur Durchführung der assistierten Reproduktion.[225]

---

[223] GBA, Richtlinien des Bundesausschusses der Ärzte und Krankenkassen über ärztliche Maßnahmen zur künstlichen Befruchtung.
[224] BT-Drs. 18/3279, 1 – 5.
[225] Revermann/Hüsing, Fortpflanzungsmedizin- Rahmenbedingungen, wissenschaftlich-technische Entwicklungen und Folgen, S. 197.

G Fazit

Voraussetzung für eine Finanzierung der heterologen Eizellspende aus Mitteln der gesetzlichen Krankenkassen ist deren Legalisierung. Hierbei hat der deutsche Gesetzgeber einen Handlungsspielraum. Eine nicht näher nachgewiesene Vermutung der Kindswohlgefährdung mit einer erschwerten Identitätsfindung, wie es das ESchG darstellt, reicht nicht aus. Untersuchungen von Kindern, welche mittels einer heterologen Samenspende gezeugt wurden ergaben keine Auffälligkeiten im Umgang mit ihrer Zeugungsart. Dies könnte auf die heterologe Eizellspende übertragen werden, da auch hier eine asymmetrische Beziehung zu dem Kind besteht. Weitere evidenzbasierte Forschung ist jedoch von Nöten.

Die Grundrechte, wie die freie Entfaltung der Persönlichkeit (Art. 2 Abs. 1 GG), der Schutz von Ehe und Familie (Art. 6 Abs. 1 GG) als auch das Diskriminierungsverbot (Art. 3 Abs. 1 und 3 GG), insbesondere in Bezug auf die heterologe Samenspende, sind bei der heterologen Eizellespende nach gleichen Maßstäben zu berücksichtigen. Rechnung zu tragen ist auch dem veränderten Familienbild des 21. Jahrhundert, so dass nicht nur über eine Finanzierung verschiedenster Reproduktionstechniken, sondern auch über die Finanzierung bei unterschiedlichen Familienzusammensetzungen nachgedacht werden muss.

Ungewollte Kinderlosigkeit kann zu pathologischen psychosozialen Veränderungen führen. Ist die Eizellspende für eine Frau alternativlos, bleibt derzeit nur der Weg ins Ausland. Das nimmt der Diskussion in Deutschland vorrübergehend den Handlungsdruck, führt aber auch zum "biopolitischen Tourismus" und einem "foreign shopping" mit einer hohen finanziellen Belastung für die Betroffenen. Eine adäquate Überwachung der Risiken ist in Deutschland nicht möglich. Das Spiel mit der Hoffnung würde zwar in Deutschland weiter bestehen, jedoch könnten Betroffene zu gleichgestellten Stakeholdern gemacht werden. Berührt davon ist auch das in Deutschland bestehende Auskunftsrecht des Kindes zur Feststellung der Identität seiner leiblichen Eltern.

Die Fallzahlen der heterologen Eizellspende sind in Ländern, in denen diese legal ist, im Vergleich zu anderen Reproduktionstechniken sehr gering. Aufgrund der schlechten Datenlage kann allerdings nur auf Hochrechnungen zurück gegriffen werden. Die Schwangerschaftsrate, etwa der anderen Reproduktionstechniken, ist zum Teil sogar höher.

Risiken können bei jedem invasiven Eingriff auftreten. Spendet eine Frau, die sich bereits in einer IVF Behandlung befindet Eizellen, setzt sie sich bereits diesen Risiken aus. Sollte auch dieses Verfahren genehmigt werden, sollte die Anzahl der entnommenen Eizellen aufgrund einer Schmerzzunahme mit einer Beschränkung geregelt werden. Im Vergleich zur Lebendnierenspende, welche gesetzlich krankenfinanziert wird, sind die Risiken der Eizellspenderin, insbesondere durch neue Techniken, sehr gering (0,9 %/ 20 %). Beide Methoden dienen jedoch unterschiedlichen Zwecken. Allerdings müssen die Kosten der Behandlung des Spenders getrennt vom Nutzen des Empfängers betrachtet werden. Ebenso ist es geboten, die Risiken der Spender beider Verfahren getrennt zu betrachten und nicht nach dem Nutzen des Empfängers zu bewerten.

Zwänge können durch einen informed consent sowie die damit einhergehende autonome Entscheidung minimiert werden. Das gilt besonders für die Entscheidung der Eizellspenderin. Um ökonomische Anreize zu verhindern, sollte nur eine Aufwandsentschädigung gewährt werden.

Für die rechtliche Regelung der Finanzierung wäre § 27a SGB V, um die heterologe Eizellspende zu ergänzen. Folgend müsste der GBA seine "Richtlinien zur künstlichen Befruchtung" anpassen und ggf. Untersuchungen einleiten. Im Gegensatz zu den herkömmlichen Reproduktionsverfahren benötigt man eine Eizellspenderin. Die Behandlungskosten, welche für die Eizellspenderin entstehen, müssten nach dem "Verursacherprinzip" oder in Anlehnung an den Umgang mit Lebendorganspenden durch die Kasse der Empfängerin erfolgen. Eine Übernahme dieser Kosten seitens der Empfängerin wäre aufgrund des Diskriminierungsverbotes verfassungswidrig. Behandlungskosten der Empfängerin, aber auch der des Partners, sollten wie bei den anderen Reproduktionstechniken gewährleistet werden.

Trotz der gebotenen Rationierung von Gesundheitsleistungen sollte eine Finanzierung der heterologen Eizellspende gewährleistet werden. Die Kosten der Eizellspende sind im Vergleich zu den anderen assistierten Reproduktionstechniken zwar etwas höher, bereits die größere Erfolgsrate könnte dies jedoch ausgleichen. Ebenso könnte die Geburtenzahl leicht erhöht und somit der steigenden Überalterung der Gesellschaft, wenn auch nur minimal, entgegengewirkt werden. Schließlich sind auch mittelbare Kosten, welche sich aus der andauernden Situation ungewollter Kinderlosigkeit ergeben, zu berücksichtigen.